大学生管理创新理念研究

段玉莹　高东娟　胡鹤泷◎著

中国出版集团　现代出版社

图书在版编目（CIP）数据

大学生管理创新理念研究 / 段玉莹，高东娟，胡鹤
泷著. -- 北京：现代出版社，2022.12
ISBN 978-7-5231-0144-5

Ⅰ．①大… Ⅱ．①段… ②高… ③胡… Ⅲ．①大学
生－高校管理－研究 Ⅳ．①G647

中国版本图书馆CIP数据核字(2022)第256430号

大学生管理创新理念研究

作　　者	段玉莹　高东娟　胡鹤泷	
责任编辑	朱文婷	
出版发行	现代出版社	
地　　址	北京市朝阳区安外安华里504号	
邮　　编	100011	
电　　话	010-64267325　64245264(传真)	
网　　址	www.1980xd.com	
电子邮箱	xiandai@ cnpitc.com.cn	
印　　刷	北京四海锦诚印刷技术有限公司	
版　　次	2023年5月第1版 2023年5月第1次印刷	
开　　本	185 mm×260 mm　1/16	
印　　张	8.5	
字　　数	198千字	
书　　号	ISBN 978-7-5231-0144-5	
定　　价	58.00元	

前　　言

　　无论从高校的教育质量、发展前景、学生素质上看，还是从高校教育体系的结构和功能上看，对学生的管理工作是高校最基本最重要的任务之一，其地位和作用都是显著的，意义是重大的。在新的形势和新的环境下，高校的学生管理工作面临着巨大的挑战，遇到了不少问题和困难。如何通过对学生的有效管理和积极引导，把大学生塑造成德才兼备、勇于担当的高素质人才是当前亟待解决的重要问题，这就需要学生管理工作者敢于担当、勇于创新、大胆探索，在实践中总结出新时代做好高校大学生管理工作的新方法、新形式、新路子。

　　随着高等教育改革进程的持续深化，我国高校学生管理工作的传统方式被打破，其理念、机制、方式、途径等都需要进一步创新。这种现实情况要求我国高校的学生管理工作必须具有自身的特色，而不能照搬照抄国外高校的现有模式。为了收到更好的管理效果，我国高校有必要对学生管理工作进一步改进。

　　大学生管理工作十分重要，关系到高校教学质量的提高和人才培养计划的顺利实现，因此，探索高校大学生管理创新对大学生管理工作而言具有重要的作用和意义。本书是大学生管理创新理念研究方向的著作，简要介绍了大学生管理工作理念的探索与创新、大学生事务管理与危机事件管理等相关内容。另外介绍了大学生心理健康管理、大学生生涯自我管理、大学生德育管理与社区化管理及创新路径，还对大学生公寓管理与服务创新以及信息时代背景下大学生管理工作的创新做了一定的介绍。

　　本书内容全面实用，注重将理论融入具体实践中，以便为广大高校教师在学生管理工作上提供参考。由于水平和时间所限，书中难免出现不足，希望各位读者和专家能提出宝贵意见，以待进一步修改，使之更加完善。

目　录

第一章 大学生管理工作理念的探索与创新

第一节 大学生管理工作理念创新的意义与内容

一、高校教育创新的意义

创新是一个民族进步的灵魂，是国家兴旺发达的不竭动力。为了实现中华民族的伟大复兴和完成社会主义教育事业的历史任务，必须不断推进包括高校学生管理工作在内的教育创新。

1. 高校教育创新是时代发展的要求

当今世界，科学技术突飞猛进，知识经济已见端倪，国际竞争日趋激烈。人类社会发展到今天，相对于物质资源，人力资源成了第一资源；相对于人口数量，提高人的素质成了第一要务；在人的素质中，创新精神和实践能力是其重点。科学技术的进步越来越依赖于科技创新；知识经济的发展越来越依赖于知识创新；国际竞争，说到底，是人才的竞争，是民族创新能力的竞争。无论是科技创新、知识创新，还是民族创新能力的提高，最关键的是人才。而人才的成长靠教育，其中高校教育是非常重要的阶段。高校可以说是培养高素质人才的重要基地，进行教育创新从而适应时代对人才的需求，这对高校而言无疑将具有非常重要的意义。

2. 高校教育创新是社会主义现代化建设的需要

目前，我国已经进入全面建设小康社会、加快推进社会主义现代化的新阶段。在21世纪新阶段，面对新形势、新任务、新问题，最根本的是坚持体制创新，大力推进经济体制、政治体制和文化体制改革，逐步消除经济、政治和文化建设的体制性障碍，为经济、政治和文化发展注入新的活力。而体制的创新，取决于理论创新和人的创新精神和能力，最终取决于创新人才的培养。高校教育是知识创新、传播和应用的重要基地，也是培育创新精神和创新人才的重要摇篮。无论在培养高素质的专业人才方面，还是在提高创新能力和提供知识、技术创新成果方面，高校教育都具有独特的重要意义。高校承载着人才培养与输出的重大职责，只有不断推进教育创新才能为我国的现代化建设提供更多的富有创新能力的人才。

3. 高校教育创新也是高校教育自身发展规律的必然要求

党和政府高度重视教育工作，我国教育事业取得了举世瞩目的伟大成就，实现了历史性跨越。高等教育毛入学率已接近大众化水平，高等教育已迈入大众化阶段，高校管理体制和后勤社会化改革取得了突破性进展，教育质量和办学效益不断提高。这些都是高校教育改革创新的结果。但是，我国高校教育与发达国家水平相比还有较大差距，与社会主义现代化建设需要相比还有较大差距。我们的高等教育思想、教育体制和结构、教育内容和方法，和社会主义市场经济体制不相适应的矛盾和问题，正在日益暴露出来。这其中，既有不少过去从未遇到过的崭新问题，也有一些无法回避的深层次矛盾。解决这些问题和矛盾，没有现成的经验和方法，根本的出路在创新。

二、深刻认识高校学生管理工作理念创新的重要性

1. 创新学生管理理念是新形势下做好学生管理工作的首要条件和客观要求

随着改革开放的深入和市场经济的发展，学生对各种思想、文化的接受和选择有了更广阔的空间，社会上的各种思想和价值观念必然对当代大学生产生巨大的影响，给学生管理带来新的挑战。同时，我国大学教育的管理现状还存在许多不适应之处，突出表现在许多教育管理人员仍沿袭传统的单一模式和思维习惯，原有的以学校和教师为中心、忽视学生主体性的管理模式，使学生管理面临新的困境。

2. 创新学生管理理念是新形势下做好学生管理工作的逻辑起点和必要前提

当前的高等教育正由精英教育向大众化教育阶段跨越式发展，既要把学生视为接受教育的对象，又要把学生当作管理服务的主体；既要严格管理规范，又要重视教育引导；既不能一味追求意志统一，又要充分保障学生权益；既要强调集体观念和社会需要，又要趋向于人的个体需求与素质发展。因此，21世纪的高校学生管理首先必须对管理理念进行创新，并把这种理念创新当作高等教育大众化条件下学校管理工作的逻辑起点和必要前提。

3. 创新学生管理理念是新形势下做好学生管理工作的应有之义和关键所在

经济建设需要人才，而培养出的人才只有为社会所接纳，并转化为生产力，才能发挥

作用。时代变化激发理念变化，理念变化决定时代变化。没有先进的理念，工作就缺乏正确的导向。新时代高校学生管理工作的现代化首先是管理理念的现代化。学生管理工作作为高校学生管理工作的重要组成部分，就要求冲破传统束缚和实践障碍，解决好工作中的"瓶颈"问题。因此，从某种意义上说，理念是管理的基础和先导，是管理的核心和精髓，是做好管理工作的关键所在。

三、大学生管理工作理念创新的内容

育人是学校教育的第一使命。大学最根本的职能和最核心的价值是培养人才、促进人的发展。大学的历史使命是人的灵魂的塑造者，是主流价值观的传播者，是先进生活方式的倡导者，是人类精神交流的传递者。从大学的社会功能而言，大学应该服务于先进文化的传承、创造和弘扬，应该服务于人类社会的整体利益，应该服务于国家和民族事业的全面进步。

学生管理工作理应注重学生整体素质的提高，注重学生自由、充分、全面的发展。其基本目的是让受教育者尽可能深入、广泛、多样地了解人所处的世界，了解人自身所处的生存状态；终极目标是最大限度地挖掘自身的潜力，提高学生的综合素质，从而为人类社会的全面进步提供精神动力和智力支持。

学生管理工作理念创新的主要内容包括以下 9 个方面。

1. 转变思想观念，坚持育人为本的管理理念

人是手段与目的的统一体。这就要求既要把人当作目的，又要把人当作手段；既要尊重人、关心人，又要管理人、发展人；既要满足人的物质利益，又要符合人的精神需要。同时，人又是权利和义务的统一体。这就要求学生管理必须体现民主、平等的精神，在管理工作中公正地善待每一个学生，尊重和保护学生的权利，坚持做到有管有放、有宽有严，为学生的全面发展创造最佳条件。

育人为本，是人本思想在学生管理工作中的具体化，是社会主义核心价值观在高等教育领域的根本体现，是学生工作的根本出发点和落脚点。作为一种价值观，就是要以人为基础，以人为动力，以人为目的，强调唤醒人的自我意识，尊重人的主体地位；满足人的主体需要，尊重人的精神诉求；肯定人的自我价值，强调人的全面进步。作为一种工作方法，就是要坚持以学生的根本利益为出发点，既严格教育管理，又注重人文关怀；既严格纪律要求，又注重道德教化；既严格程序规范，又注重内容效果。作为一种思维方式，就是要转变思想观念，强化服务意识，坚持"一切为了学生、为了一切学生、为了学生一

切"，逐步实现民主交流、平等沟通、相互理解、和谐统一。

2. 贴近学生实际，坚持精细化的管理理念

所谓"精细化管理"，就是将管理覆盖到每一个过程，控制到每一个环节，规范到每一个步骤，具体到每一个动作，落实到每一个人员。学生管理工作的一个显著特点是所管理事务的繁杂、琐细。因此，学生管理工作的核心就是在"细"字上做文章，在"实"字上下功夫。

在精细化管理中，关键要突出一个"细"。"细"有5层含义，一是规范。严格管理规章和工作程序，坚持制度面前人人平等。二是科学。善于运用现代管理方法和信息手段，积极探索和掌握学生管理工作的客观规律。三是到位。在学生管理过程中，每个环节都必须考虑到，不忽视微小的管理漏洞。四是明确。落实管理责任，将管理责任具体化、明晰化。要求管理的过程条理清楚、层次清晰。五是深入。把工作做得具体、做得扎实，追求精益求精的境界，使学校的管理水平迈上一个新的台阶。

3. 整合各种资源，坚持系统化的管理理念

任何管理都是对系统的管理，没有系统，也就没有管理。系统化就是从整体上构建学生管理的系统模型和综合模块，把学生管理工作作为一个集学习机制、竞争机制、奖惩机制、决策机制、评估机制和反馈机制等于一体的动态过程。

学生管理工作是一项系统工程。它不仅是学生工作者的责任，也是全校教职员工的责任，必须高度重视，加强领导，通力合作，形成合力，始终坚持依靠广大教职工、学生政工干部和全体学生积极参与的全员管理。必须针对不同年级的不同特点和不同个体的不同特征，将学生管理工作贯穿于学生成长成才的全过程。它又是全方位的，涉及方方面面，必须始终坚持管理即服务的观念，把解放思想问题与解决实际问题相结合，为学生做实事、办好事、解难事；始终坚持教育管理的理念，努力提升学生管理工作的人文内涵，强化育人效果。

4. 增强自律意识，坚持自主化的管理理念

所谓"自主化管理"是指在学生管理人员和专业教师的指导下，学生自我教育、自我管理、自我服务和自我发展的教育管理模式。其核心是关注人的发展，营造一种宽松和谐的民主气氛，调动学生的主动性、积极性和创造性，培养学生的创新精神和实践能力。

要充分发挥学生班团组织、社团组织和学生党支部的作用，丰富课余生活，拓宽知识面，增长才干，陶冶情操，培养特色鲜明的校园文化精神；要充分发挥学生干部和学生党员的先锋模范作用，让他们自觉地加入学生的管理工作，成为重大问题的参与者、决策

者，在参与管理的实践中尝试管理，学会管理，懂得管理；要充分发挥学生的主人翁精神，突出学生的教育主体意识，实现学生干部队伍自我管理制度化。

5. 以培养学生创新精神为核心素质的管理理念

这是解决高校学生工作培养什么人的问题。随着知识经济信息社会的到来，创造力将成为社会经济进步的主要动力，成为关系市场竞争成败的决定性力量，那种"唯文凭、唯分数、唯专业"传统的人才观已不合时宜。教育工作的重点应放在提高受教育者的创造力方面，通过在教育过程中对创造力的发掘、训练、强化、激发受教育者的创造热情和创造才能，积极培养适应时代要求的创新人才。21世纪的人才应是能适应新技术革命的挑战，能参与全球性竞争与合作，能够主动适应、积极推进甚至引导一系列社会变革的创新人才。

6. 突出主体、开发潜能、激发创造的管理理念

这是解决高校学生工作怎样培养人的问题。传统的学生工作常常是管而不导，堵而不疏。这种治标不治本、浮在面上的学生工作方法已不能适应当代大学生的成长、成才需要和现代高等教育发展形势。新形势下的学生工作要突出学生的主体地位、尊重学生个性的张扬与优化。通过理想信念教育，为学生进行自我选择和自我调整提供精神动力和行动指南；通过正面引导、反面惩戒来进行学生的需要诱导；通过动机激励、过程磨砺、利益驱动来进行学生的需要驱动等，激发创造学生内在成才动力，从道理上说服学生，让学生弄清是非，权衡利弊，从而使学生正确规范自身行为，正确选择调整自身在学习、生活中的需要结构。而教育观念要打破统一思想、统一标准、统一布局的模式，适当地提倡拉开档次，铺开阶梯，允许有部分人先走上去，另一部分人再扶上来的育人的阶梯原则。应当把广大青年学生当成能动地参加教育活动的主体，而不仅仅是教育的对象和受教育者，变以往的家长式、保姆式、灌输式的教育为以疏导、启发、自我教育为主的方式。

7. 体现互动性、层次性、整合性的管理理念

这是解决高校学生工作体制的理念问题。高效的工作体制可以促发主体的工作热情、兴趣，使主体在工作中不断产生自我满足感和成就感，从而成为主体不断产生工作主动性、自觉性、创造性的不竭动力，也可使整个工作群体形成团队意识、协作精神。传统的高校学生工作体制存在一定的缺陷：一是体制重心的错位，造成协调、服务部门忙于应付具体事务性的工作，而无暇对整个学生工作进行协调与把握；二是体制基层的虚位，学生工作基层组织的积极性没有充分发挥出来，使整个学生工作活力欠缺，创造力不够；三是体制的整体创造力的空位，造成领导机构、协调部门、基层组织的脱节。

面对 21 世纪的高校学生工作必须适应培养高素质创新人才的需求，进行体制理念的创新，其中应注意三个方面：一是体制的互动性，有利于上层和基层相互激发工作活力与创造力；二是体制的结构层次性，有利于工作环环相扣，层层递进；三是体制的整合性，有利于局部服务于整体，全局指导、协调局部，发挥整个体制的凝聚力和资源整合力。具体来说，就是要形成"上"有"决策层"，总揽高校学生工作全局，把握基础性、全局性、前瞻性的大问题，坚持社会主义办学方向和育人原则；"中"要有"协调层和监控层"，对学校总体学生工作进行具体指导、协调和监控；"下"要有"责任层和落实层"，充分发挥基层组织的积极性，实行工作重心的下移，推行目标管理、量化考核的评价制度，建立竞争机制。这样整个工作网络就会形成一个动态、灵活、高效的"金字塔"型体系。高校学生工作是一个系统工程，其不仅仅是某个部门的职责所在，学校应树立"全员育人"的教育理念，形成"人人皆教育之人，处处皆教育之地""教学育人、科研育人、管理育人、服务育人"的工作大格局。

8. 不断创新教育内容、服务内容的管理理念

这是解决高校学生工作具体工作内涵的理念问题。教育、管理、服务是学生工作的三大主题，但在新的时期这三大主题的结合方式以及它们三者自身的内涵就存在理念创新的问题。传统上不同程度地存在以管理为主的工作理念，而教育、服务功能被弱化、淡化，使工作一直停留在较低层次水平。面对新的形势：高校扩招，学生人数激增，学分制的推广，后勤社会化改革，学生的学习、生活的主要方式及场所都发生了很大变化等，传统的教育、管理已不合时宜，不符合青年学生的心理特征变化和他们的成长规律。高校学生工作要转变观念，逐步从管理型向教育型、服务型转变，转换工作职能。

其一，要创新教育内涵理念。这是探讨学生工作教育的具体目标及教育方式等。教育是一个系统工程，不仅要加强对学生的文化知识教育，而且要切实加强对学生的思想政治教育、品德教育、纪律教育、法制教育等，要培养富有创新精神和实践能力的人才。对高校学生工作的教育内涵来说，就是要进行以创新教育为核心、思想政治教育为基础的全面成才教育。而教育的方法主要是从说教式、灌输式的教育向启发式、引导式、激发创造式的教育转变。因为教育本身的要义就是要把教育内容内化为学生的内在需求，变以往学生被动地接受为主动的需要。

其二，要创新管理内涵理念。这是探讨学生工作管理目标及方法。高校学生工作要从传统的以本本上的制度和手中的权力去管理的模式中走出来，注重"导向管理"。管理的内容要从点上的管理到整个层面的深层次管理；管理的对象要从个别管理到抓典型的管理；管理的依据要从校纪校规的管理上升到以法治校、民主治校的高度层次；管理的手段要变以直接管理为主到以宏观和导向管理为主，变以教师管理为主到以学生自主管理为主，总之，就是要从被动式、强迫式的管理变为主动式、民主式的管理，从以管理为主的工作模式走向以教育、服务为主的工作模式。

其三，要创新服务内涵理念。这是探讨学生工作服务目标及方法等。高校学生工作要从管理型的工作模式走向教育型、服务型的工作模式，要为学生的成长成才创造各种有利条件，优化校园软硬环境，最大限度地激发学生全面成才的内在动力。服务的内容要把握学生在学习、生活中不同层次、不同方面的合理需要；服务方式要在引进社区管理方式的同时，实现服务最优化、物质利益的最小化。学生不仅是受教育者，也是教育投资者和消费者，要为学生提供各种生活服务，改善生活环境，对学生社区进行物业化管理，健全社区功能，构筑集文化、休闲、娱乐、购物、健身为一体的文化社区；提供勤工助学服务，扩大勤工助学的网络与途径，帮助困难学生顺利完成学业；提供学习服务，指导学生考研、出国、创作发明等；提供就业服务，健全信息网络，加强政策、心理、技术各方面的指导等。

9. 树立运用现代科技手段进行管理的现代理念

这是解决新形势下拓展工作领域的问题。网络技术的发展给传统的高校学生工作带来了新的挑战，同时也为学生工作提供了现代化手段，拓展了新的空间和途径。新形势下学生工作要转换教育观念，树立信息资源意识，主动介入网络教育平台，这是把握新时代高校学生工作制高点的有效途径。网络的交互性、虚拟性、平等性、开放性等特点使学生教育管理工作也呈现新的特点，比如教育、管理方式的隐形化、个体化、咨询化和平等化等。学生工作进网络还是一个尚待深入研究的新课题，这不仅是学生工作某个方面或某个层次的创新问题，而且是互联网时代条件下高校学生工作的全面创新问题。其中至少应把握三个要义：一是要找准学生工作进网络的立足点，用正确、积极、健康、科学的思想文化信息占领网络阵地，提高学生"接受正确、有益的信息，抛弃错误、有害的信息"的能力；二是探究学生工作进网络的切入点，采取与大学生心理需求、生理特征及成长规律相适应的生动活泼、喜闻乐见的形式和内容；三是要把握学生工作进网络的融合点，"进"不是简单地将学生工作的内容放在网上，也不是单一地把它作为技术性质的信息交换系统，而要从本质上实现学生工作与网络的融合，达到内容和形式、科技与人文的有机融合，充分发挥网络在学生工作运用中的服务功能、教化功能、引导功能和管理功能，趋利避害，规范网络道德，培养积极、健康、科学的网络文化。

第二节　大学生管理工作理念创新的方向与途径

一、高校学生管理工作理念创新的重点方向

（一）高校学生管理工作应秉持以人为本的理念

1. 高校学生管理工作中人本理念的含义

高校学生管理工作中的人本理念就是以"以学生为本"的理念，即要进一步强调大学生在学生工作中的重要地位，进一步加强对学生的教育、管理、指导和服务，为学生的健康成长和全面发展创造条件、营造氛围；要调动学生的积极性、主动性和创造性，强化其在教育过程中的主体作用，发挥其自我教育、自我管理、自我服务的作用；要了解学生、尊重学生、理解学生和信任学生。同时，我们又必须明确，坚持"以学生为本"，不但不能放弃，及而更应加强教师的主导作用。学生始终是受教育者，尊重受教育者在教育过程中的主体作用并不意味着要放弃管理者在教育过程中的主导作用，学生工作者始终负有教育、管理、指导、服务学生的责任，我们坚持"以学生为本"，就是要把这种教育、管理和引导的作用发挥得更好、更到位、更有利于学生的健康成长和全面发展。坚持"以学生为本"，不但不能弱化，而且更应强化对学生的管理。以学生为本并不意味着迁就学生，让学生放任自流，无所顾忌，而是对我们的管理工作提出了更高的要求，要用更科学的方法管理学生，以保证学生沿着健康的轨道成长和发展。

坚持"以学生为本"，要求我们明确学生工作的任务就是要努力为学生的健康成长和全面发展创造条件，营造氛围。高等学校的根本任务是育人，作为高校基础工作的学生工作，它的最根本的问题就是学生的发展问题，就是确立更佳的目标、创造更好的条件、采取更好的措施，为学生的健康成长和全面发展提供教育、管理、指导和服务。对学生工作而言，就要围绕学校人才培养总目标，着眼于德的要求、生理健康和心理健康的要求、创新精神和社会适应能力的要求等方面，既突出创新精神和实践能力的培养，又全面体现素质教育的要求，在第二课堂上下功夫，在指导和服务上做文章，努力为学生的健康成长和全面发展创造条件，营造氛围，促进学生成为能适应社会需要的全面发展的人才。

2."以人为本"理念是高校学生管理工作创新的灵魂和核心

首先，贯彻"以人为本"的工作理念是形势所趋。从高等教育自身的发展来看，在计划经济时代，学校代表国家为学生提供福利性质的教育，学校和学生之间是教育与被教育的关系。随着高等教育改革的不断深化，学生和国家对教育费用实行成本分担，学生由单纯的享受国家福利变成了自身教育的投资者，学校和学生在一定程度上形成了经济学意义上的服务与被服务的关系。学生缴费上学，学校提供教育服务。高校是培养社会主义建设所需的各种人才的重要基地。可以设想，如果高校的学生管理工作不能体现"以人为本"的宗旨，那么社会就失去了人才上的保障。因此说在这样一种大环境下，在高等教育中贯彻"以人为本"的教育理念不仅有着充分的社会基础，也是社会形势向高等教育提出的新要求。

其次，贯彻"以人为本"的学生管理工作理念是学生管理工作的内在要求。有些学生管理工作者往往把学生管理工作理解为要"管住"学生，理解为通过外部强制作用规范学生的日常行为。这种工作理念严重地限制了学生管理工作的开展范围和工作效果，甚至违背了学生管理工作的根本目的。过去我们过分地强调学生管理工作的行政任务，而忽视受教育者的主体价值；强调思想统一，而忽视大学生们的个性培养。思想道德素质的培养其实是一个人格创新过程，包含着思维能力、判断能力和实践能力的训练过程。这个过程是由主体完成的，外在的因素只是起到引导、启发作用。

过去有些人把学生管理工作的目的理解成要把大学生们变成思想上无差别的个体，要求学生们整齐划一，这种工作理念必然导致采取家长式的工作方式。在这种工作理念指导下的学生管理工作不仅在本质上偏离了学生管理工作的根本目的，也不能在现实的工作中适应大学生们的具体情况。因此学生管理工作必须在理念上进行转变，要充分认识到学生管理工作的目的在于提高学生的思想政治水平、价值判断能力和道德品质修养，这就决定了学生管理工作必须获得学生们的主动参与，而只有在工作中最大限度地体现"以人为本"的工作理念，才能达到激发学生主动性、发挥其主体能动性的目的。

最后，学生管理工作和思想政治教育相结合是贯彻"以人为本"工作理念的必要手段。贯彻"以人为本"的工作理念的同时，要积极推动思想教育与学生管理相结合，在通过规章制度等约束人的行为的同时，把思想政治工作的柔性导向融入其中，把自律与他律结合起来。没有思想教育的学生管理是简单粗暴的，没有学生管理的思想教育是软弱无力的。过去我们的思想政治工作没有很好地把握和处理教育与管理的关系，使思想政治教育失去了管理的依托，使学生管理失去了其教育人的内涵，忽视了对大学生的主体性价值的尊重，从而削弱了思想政治工作的有效性。在新形势下，高校要坚持"立足于教育、辅之以管理、寓教育于管理"的思想政治工作原则，通过将教育落实到管理中，把管理上升为教育，使两者相得益彰，互补互促，以达到塑造人、引导人、规范人的目的。

传统的学生管理工作比较强调灌输，普遍采取管理者集中式教育的方式，这样容易造成学生实践体验和独立思考能力的弱化。学生管理工作者应树立以学生为中心的工作观念，注重学生的独立思考和自我教育，根据学生成长的内在需要和规律，重视大学生所接受的信息的复杂性，在引导的基础上努力实现学生对教育过程的主动参与，在参与中发挥其主体能动性，真正达到改变其世界观、人生观的目的。同时，学生管理工作内容上的创新和形式上的创新是分不开的。一种新的工作理念的实行、一种新的工作方法的运用，都需要在工作内容上进行相应的调整，而一种新的工作内容往往也就意味着新的工作方法的引入。

（二）高校学生管理工作应秉持开放理念

1. 开放理念在高校学生管理工作中的重要意义

开放的中国需要开放的高等教育。开放的高校学生管理工作是开放高等教育的一个重要组成部分。落实社会主义核心价值观，构建社会主义和谐校园，弘扬社会主义核心价值体系，对高校学生教育管理提出了新的要求。

开放促进了高校内部管理体制、教学方式、管理模式的改革，在学生教育管理方面呈现出以下一些变化。一是学分制的逐步实行，"同班不同学，同学不同班"人数增多，使学生由班内走向班外。二是实践课程比重增大，理论教学课时相对减少，使学生由课内走向课外。三是后勤社会化的实施，分散住宿范围扩大，使学生由校内走向校外。四是法制观念的逐步强化，使学生维权行为时有发生。五是大学国际化的推进，形式多样的国际合作办学增多，使学生由国内走向国外。六是网络的普及和便捷，已成为与家庭、学校并列的第三种成长环境，使学生由现实世界走向虚拟世界。因此，高校学生教育管理工作，必须针对上述新变化，适应开放提出的新要求，审视开放带来的新挑战，采取扎实有力的措施，将教育管理的任务落到实处。

现在的大学生生于21世纪初，长于日新月异的21世纪10年代，现在又处于快速发展的时期，他们有崇尚自我、张扬个性的心理，面临着越来越强的维权意识、自主意识与自律意识薄弱、抗挫折能力不足的矛盾，在日益开放和多样化的社会生活环境中自我价值的选择、取舍的矛盾。学生的教育管理工作应贴近学生的学习和生活，帮助他们解决成人感与孩子气、求理解与闭锁、理智与好冲动、理想化与现实性、社会多样化与信念一元化等困惑，帮助他们在包容多样中形成思想共识，在理解变化中促进健康成长。只有这样，高校学生管理工作才能得到有效的改进。

高校的学生教育管理工作是一个具有特定功能的组织系统，开放是其重要特征之一。高校学生教育管理目标的实现和任务的完成取决于学生教育管理系统内部要素的合理建构和与外部环境的物质转移、能量循环和信息交换。高校学生管理工作的开放，一是指其系统内部的相互开放，即理性提升的教育系统、规范强化的管理系统、学习生活的服务系统等子系统有分有合，资源共享，互为利用，从而促进资源配置和利用效率的提高。二是指其系统的对外开放，即对社会开放。一方面接受社会辐射，积极扬弃，争取资源，为我所用；另一方面发挥高校思想高地的作用，影响社会，引领发展，增进和谐，促进学生教育管理水平的提高。因此，做好高校学生教育管理工作，需要强化开放的理念。

首先，开放理念是加强和改进高校学生管理工作的本质要求。没有开放，就没有大学教育，培养什么人，如何培养人始终是高校孜孜不倦地思索、追求、实践的根本问题。前者要求解决好教育的理想性和现实性相结合的问题。大学教育说到底是一种"完人"的教育，当学生走出校门的时候，他应该是一个和谐的人，而不应仅是一名技术人员。和谐的人应具有社会中的共生意识、发展中的合作意识、理政中的法治意识、交往中的宽容意识和建设中的生态意识。后者则要求处理好教育的规范性和开放性相结合的问题。教育的规范性是通过制度、传统、习惯、氛围等环节来体现，而教育的开放性则表现为教师与学生、学校与社会、有形教育与无形教育的互动，实现的途径就是以开放的理念推进学生教育管理开放，使大学教育成为终身教育体系的一个重要环节，成为学习型社会建构中的一个重要园地，成为与家庭教育、自我教育、社会教育相贯通的一个重要枢纽，成为学生社会化过程中的一个重要阶段。因此，推进高校学生管理开放，不仅是理性的自觉，更是现实的需要。

其次，开放理念是加强和改进高校学生管理工作的源动力。开放促进高校学生教育管理改革，推动高校学生教育管理创新。开放使高校学生教育管理工作视野由窄变宽，动力由小变大，要求由低变高，措施由软变硬，导向由虚变实，负荷由轻变重，节奏由慢变快，从而使高校学生管理工作呈现三个鲜明的价值取向。一是"三力"合一，同频共振。即国家的意志力、学校的执行力、学生的内驱力在具体工作理念层面实现有机统一，使学校的发展目标与国家的战略需求相同步，学校的教育教学要求与学校发展目标相协调，学生的教育管理举措与学校的教育要求相匹配，学生的内在需求与学生教育管理的举措相一致。二是"三成"共举，协同俱进。即成人、成才、成功在具体工作目标层面实现有机统一，使学生真正地形成在淳朴中适应、在和谐中竞争、在厚实中创新的良好品格，使高校学生教育管理工作在促进全面发展与充分发展、课堂教学与实践锻炼的内在统一上尽责有为。三是"三有"并行，交融渗透。即有情、有理、有效在具体工作操作层面实现有机统一，把爱的教育贯穿于高校学生教育管理的全过程，把理论学习、教育和实践作为高校学生教育管理的一项重要任务，把解决问题、启迪心智、引导发展作为高校学生教育工作的重要切入点。

最后，开放理念是加强和改进高校学生管理工作的重要保证。开放的高校学生管理工作具有三个特点。一是自觉性。高校学生教育管理工作的加强和改进是一个不断求真、崇善、尚美的过程。求真就是合规律，高校学生教育管理既要合教育内部的规律，还要合教育外部的规律，否则就会事倍功半。崇善就是合目的，高校学生教育管理要全面体现党的教育方针，做到让党放心、让人民满意、让学生喜欢。尚美就是合形式，高校学生教育管理要在构建社会主义和谐校园中做出更大贡献。二是自律性。开放的高校学生教育管理工作是对传统循规蹈矩、就事论事的工作方式的超越。开放不是放手不管，更不是放任自流，而是用开放的理念统揽全局，用开放的心态包容多样，用开放的举措推动工作。三是自为性。开放的高校学生教育管理有利于争取更多更好的教育资源，为我所用；有利于营造良好的环境氛围，为我所享；有利于促进教育管理队伍素质的提高，为我所为。

2. 高校学生管理工作中开放理念的基本要求

首先，应牢牢把握高校学生管理工作开放的方向性。一是要坚持用社会主义核心价值观等马克思主义中国化最新成果武装学生头脑、指导学生实践、推动学生工作，牢牢把握学生教育管理的指导权、主动权、话语权。二是要牢固树立中国特色社会主义的共同理想，引导学生自觉在党的领导下，走中国特色社会主义道路，为建设民主、富强、文明、和谐的社会主义国家而勤奋学习，建功立业。三是要大力弘扬民族精神和时代精神。民族精神和时代精神是社会主义核心价值体系的精髓，只有大力弘扬民族精神和时代精神，才能使青年学生始终保持昂扬向上的精神状态。

其次，应突出高校学生管理开放的主导性。一是要重视思想政治理论课教学在学生管理中的主渠道地位。"教学有法，教无定法，贵在得法。"应根据大学生的认知特点，不断丰富教学手段，加强实践教学的环节，强化课程研究，确保讲出新意和特色、说出深度和规律、讲出学生想听的和我们想说的，提高教学的针对性和实效性。二是必须始终坚守思想政治教育这块学生管理工作的主阵地，坚持贴近实际、贴近生活、贴近学生的原则，把学生公寓建设成为融思想教育、行为指导、生活服务、文化熏陶为一体的"第二课堂"。加强思想政治教育主题网站建设，综合运用技术、行政和法律手段，全面加强校园网络管理，防止有害信息在校园网上传播。加强网络管理工作队伍和网上评论员队伍建设，掌握校园网舆情，引导网上舆论。三是要切实开展好党团组织活动、高品位的校园文化活动、大学生社会实践活动、科技创新创业活动和体育活动，引导学生在活动中受教育、长才干、做贡献。四是要重视学生管理工作队伍建设。做好学生教育管理工作，光靠经验和热情是不够的，必须有一批从事学生教育管理的高水平的专家。应从制度、政策、人事编制、职务职称序列上鼓励一些德才兼备又有奉献精神的同志去从事学生的教育管理工作，让他们真正把这项工作当作一项事业、一门学问、一个可以建功立业的岗位去钻研和奋斗。

再次，应增强高校学生管理工作开放的针对性。高校学生管理要从学生最关心、最直接、最需要、最现实的问题入手。一要引导学生学会学习，变"学会"为"会学"，更新学习观念，变革学习方式，创新学习手段，提高学习效率。二要引导学生学会自强，变"助我"为"我助"，进一步落实助学贷款，设立助学奖学金，建立与就业相结合的奖学金制度，组织好学生勤工俭学。三要引导学生学会创业，变"就业"为"创业"。把培养学生的创新精神、创业本领、实践能力放在重要位置，改革教学内容和课程体系。完善鼓励和支持高校毕业生创业的制度和措施，提供创业的优惠条件，加强对创业活动的指导和管理。四要引导学生加强心理健康知识普及教育，通过宣传倡导、教育引导、活动推导、家长督导等途径，做好心理健康教育工作。加强危机干预，消除潜在隐患。

最后，应强化高校学生管理工作开放的基础性。大学历来是社会文明的源头，是引领文化潮流、传播科学思想、开创文明新风的地方，倡导和谐理念、培育和谐精神是现代大学精神的应有之义，大学应该担负起和谐社会首善之区的使命。在建设社会主义和谐校园中，要发挥高校学生教育管理工作的思想导向作用，奠定和谐校园建设的强大思想基础；要发挥高校学生教育管理工作的价值引领作用，倡导和谐校园的正确价值取向；要发挥高校学生教育管理工作的道德规范作用，构筑和谐校园的坚强道德支撑；要发挥高校学生教育管理工作的文化建设作用，形成促进和谐校园的文化环境。开放的高校学生教育管理工作必须坚持教书与育人相结合、教育与自我教育相结合、政治理论教育与社会实践相结合、解放思想问题与解决实际问题相结合、教育与管理相结合、继承优良传统与改进创新相结合。就管理而言，还应坚持从严管理和科学管理、民主管理和依法管理相结合。按照依法办学、依法管理的要求，建立起学生维权工作机制，使思想教育与维护和保障学生权益工作相统一，提高学生的权利和义务意识，使学生的各种权益得到切实维护和保障，凡是办理有关学生事务，制定出台涉及学生切身利益的政策、规定、程序，都必须通过一定渠道听取学生的意见，做到公开透明，真正建立起维护和保障学生权益的服务体系，确保培养目标的实现。

二、积极探索高校学生管理工作理念创新的实现途径

（一）建立一支高效、精干、稳定、专业的学生工作者队伍

这是做好学生管理工作的关键，是实现学生工作管理理念创新的根本。

学生工作者要培养和造就高素质人才，自身必须具备较高的政治思想素质、合理的知识结构和较强的能力素质，并有较完善的自我形象和人格力量。作为学生工作者，如果放松了学习，思想就会落后于形势。因此，学生工作者要突破以往的思维定式，适应时代和高校发展的要求，重新定位自己，只有这样，才能担当培养合格的社会主义建设者和接班人的重任，开创高校学生工作新局面。

面对社会意识形态的复杂化，学生的学习、心理和就业等压力的加大，学生工作者队伍的地位和作用变得越来越重要，社会对这支队伍的要求和期望值也越来越高。一所学校纵然要有许多学识渊博、造诣精深的教授、学者，要有许多先进的教学科研设备和优美的校园环境，但如果没有高素质的学生工作者加以管理和教育，也难以培养出高质量的创新型人才。高校学生工作者作为思想政治工作的主体，在高校思想政治工作中发挥着十分重要的作用。他们面对的是具有较高文化层次、思想活跃、反应敏捷、善于独立思考、敢于标新立异、涉及的知识领域越来越广的大学生。决不能再按老框框办事，不能静等观望，而必须从现状中跳出来，按新时代对大学生培养模式的要求发挥应有的作用。

学生工作者是学生思想政治上的向导，是学生学习上的督导者，同时是人际关系上的协调者和生活上的关心者。学生工作者独特的人格魅力在学生中具有一定的示范作用。学生多数远离家乡、父母，缺少关怀照顾，他们需要有人关心，更需要交流、沟通。多数学生从心理上把学生工作者作为自己的知心朋友，学生工作者往往以师长、朋友的身份处处关心、体贴学生，为他们做好服务，润物细无声，使学生得以愉快地学习、生活，健康成长和成才。因此，提高学生工作的素质成为必要。

（二）新时代高校学生工作者的基本素质和基本要求

一支品德良好、品行端正、作风优良的学生工作者队伍，其一言一行、一举一动，将成为学生优良品德形成的表率和楷模。因此，学生工作者必须做到坚持真理、忠于职守、

为人师表、以身作则、办事公正、任劳任怨，尤其要坚持树立敬业创业精神和艰苦奋斗精神，发扬革命的献身精神和奉献精神，用自己的实际行动去影响和促进学生进步和成长。除了这种最基本的人格魅力之外，高校学生工作者要不断提高自身的思想素质、业务素质和政策水平。在当前思想观念、文化思潮多元化发展的趋势下，学生工作者必须转变观念，不断创新，应从以下几个方面着力提高自己的素质。

首先，要具备精深的思想理论素质和业务素质。通过自学、参加培训等形式，认真学习党的路线、方针和政策，学习高等教育理论与管理理论，了解高等教育改革的经验和做法，努力把握时代脉搏，提高工作的针对性和有效性。通过各种形式的理论学习和研讨，使自己从中汲取改进工作的智慧和动力，对环境的变化要有敏锐的触觉，要不断发现新情况、研究新问题，用富有前瞻性的眼光审视学生工作实践，用理论研究的最新成果指导学生工作实践。高校学生工作者只有具备了牢固的马克思主义世界观，才能在教学与教育工作中帮助大学生确立正确的政治方向，从而促进大学生马克思主义世界观的形成。

学生工作者必须具有相应的文化水平和专业知识，才能接近大学生的共同的语言和心理特征。一支合格的学生工作者队伍，一方面既要求他们是学生工作的实践家，另一方面又要求他们是学生工作理论的研究专家。只有具备这种综合素质，才能博得学生的敬重和信任，更好地开展工作。要不断更新知识内容，增加理论深度，扩大知识面，提高实际工作能力。学生工作者本身的悟性、道德水准和政治素养直接关系到学生教育管理工作效果。要将学生教育管理与实施全面素质教育相结合，拓展和延伸学生工作的内容和空间，寻求学生工作者和学生整体素质相互促进、共同提高的结合点，实现两者的良性互动。

其次，要具备牢固的共产主义人生观。高校学生工作者只有具备了牢固的共产主义人生观，才能在教学与教育工作中，始终贯穿对大学生进行以辩证唯物主义和历史唯物主义的立场、观点和方法看待人生的教育。树立强烈的社会责任感和为人师表的爱岗、敬业精神，才能在教学与教育工作中自觉地把方便让给别人，把困难留给自己，以苦为乐，以苦为荣。要正确地面对竞争，在工作中要增强危机感、紧迫感和责任感，增强主动性、积极性和创造性，增强对荣誉、得失、风险、失败等的承受能力，始终保持清醒的头脑，做到胜不骄、败不馁，使自己的心态经常处于平衡状态。要敢于竞争，善于竞争，同时还要引导大学生树立积极的竞争观，并通过竞争培养大学生的顽强拼搏精神。

再次，要具备积极的创新教育观念。高校承担着培养和造就创新人才的重任，要通过创新的机制，保证教育内容、教育方法、教育载体、教育渠道上的创新，努力培养出广受社会欢迎的高素质创新人才。一要重视制度的创新。学生工作者要尽快转变传统角色，用规范的管理和高质量的服务影响学生，构建民主平等的师生关系，确立学生在教育和管理工作中的主体地位，逐步把学校教育管理工作重心向学生主体转移。要将教育、管理和服务功能相统一，强化服务理念，突出服务功能，更加自觉、主动、积极地为学生服务。针对新形势、新问题，研究制定一系列具有时代感，突出针对性、可操作性的新的规章制度，不断提高学生工作的科学化、制度化、规范化水平。二要注重教育内容的创新。学生工作是做人的工作，学生教育工作内容必须随着学生的思想变化而调整。对目前的大学生来说，他们已不再满足于传统的理念和模式，在实际教育中有时难以取得好的效果。可以借助易被学生接受的具有时代感的文化思想打动学生，但必须坚定不移地坚持弘扬主旋律，实现以科学的理论武装人，以正确的舆论引导人，以高尚的情操塑造人，以优秀的作品鼓舞人。三要不断探索教育方法的创新。要讲究工作方式方法的艺术性。必须树立"以人为本，学生至上"的观念。开展广泛的调查研究，切实解决学生中存在的苗头性、倾向性问题，并以自身的实际行动做良好校风的建设者、维护者。把解放思想认识问题与解决实际问题相结合。充分运用现代化的传播手段，达到应变及时、有效控制思想舆论阵地的目的。增强学生工作的吸引力、影响力、渗透力，及时调整工作角度、转变思维方式，增强学生工作的针对性、实效性。要创造良好的育人环境，营造积极健康向上的校园文化氛围，陶冶学生热爱集体、刻苦学习、团结互助、文明健康的情操，激发其爱国主义和献身社会主义事业的热情。要发挥学生团体和学生骨干的辐射作用，使之成为学生教育管理工作的重要载体。

最后，要具备强烈的信息意识。高校学生工作者只有具备了强烈的信息意识，才能学会和善于收集信息和运用现代化的网络技术获取所需信息，根据信息判断、推理、筛选出有价值的信息，再对信息进行检索、分析、利用，从而为学生工作的决策提供依据。学生工作干部在提高自己的同时，要注意培养大学生开发信息、储存信息、处理信息和转化信息的能力。要认识到教学与教育过程就是一个双向信息交流的过程。正确认识和处理这种双向信息交流，并使信息交流渠道通畅，是完成教学、教育、管理任务和提高质量的重要条件。因此必须加大信息应用力度，把学生思想教育工作的领地推向网络前沿，将网络的宣传、教育功能有效地引入思想教育和管理领域。

总之，应从全方位入手，提高学生管理工作者的素质和水平。应健全学生工作者队伍培养机制，定期进行专业培训，给他们创造学习提高的机会，自觉把学生管理创新理念与学生管理工作实践相结合；从人员结构、职称待遇等方面入手，改善队伍结构，提高相关待遇，让学生工作人员把学生管理工作作为自己潜心研究的专业、立志从事的职业和乐于奉献的事业；健全考核、评估、激励、反馈机制，坚持实事求是、公正全面的考核原则，努力激发学生工作者队伍的积极性，增强他们的事业心和责任感。

第二章　大学生事务管理与危机事件管理

第一节　大学生事务管理

一、新时代高校学生事务管理相关概念界定

高校学生事务管理的有关表述源自欧美国家，其相关研究最早始于美国。20 世纪初，逐渐从学术事务中分离出的学生事务，先后经历了四个不同的发展过程，即"替代父母制""学生人事""学生服务""学生发展"。随着高校的不断发展，"学生事务管理"这一概念逐渐形成了自身独特的含义，被界定为以学生为参与主体的非课堂活动。

1. 学生事务

通常情况下，学术事务涉及学科发展、专业建设、课程设置、学生学习、认知发展、课堂教学等方面的内容，而学生事务则包括课外活动、生活服务、心理辅导、奖励与处分、创业就业指导、校园秩序与安全等内容。在学校，所有非课堂性的活动都可以归为学生事务，都是为了保障学生在学校中的生活、学生的身心健康状况等，让学校在加强学生学习的同时，也关注学生的日常行为和生活，实现学生的全面发展，使高校教学目标有效地实现。

学生事务管理的重点就在于，所有学生都要严格遵循学校的规章制度和学生事务管理的规范。学生事务管理主要是对学生学业之外各个方面的指导和服务，所以在事务管理过程中，其规范、理论、技能等，都需要符合学生的身心成长规律和需求。学生事务的管理和服务两者是相对的，譬如学生在出现心理问题时，就需要学生事务管理者主动干预，而并非让学生自我调整或是通过监督来强化。

单从内容层面来看，学生事务管理是指与学生学习、生活相关的事务内容；从时间层面来看，学生事务管理所对应的是课堂之外的时间；从空间层面来看，则是在校园内或是

社会公共环境中。

2. 学生事务管理

针对学生开展一系列事务管理工作的目的主要就是让学生的非课堂活动和非学术性活动有组织、有规范，配合高校教育全方位地完成对学生的教育工作，从学生的学习到生活，全面地对学生做好管理和服务，保障学生身心健康发展。归根结底，学生事务管理工作是根据国家对高等教育人才培养目标的要求而设立的，是在科学的价值观念引导下，通过专业的知识和技能来合理配置资源，为学生的学习和生活提供一系列帮助。高校学生事务管理体制是保障高校教学工作顺利开展的有效条件之一，是大学内部治理机构不可缺少的一个重要因素，主要包含以下五个方面的内容。

①开展学生事务管理工作包含了多个主体，如学生部、校团委、班主任等。纵向来看，专门的组织结构又包含了高层、中层、基础层主体；从横向来看，可按职责或职能设置专门机构（如招生工作办公室、创新创业学院、就业指导中心、学籍管理中心、资助管理中心、学生公寓管理中心等）。学生事务管理者可分为专职人员、兼职人员，或由管理者授权、聘任的参与管理的学生及其他人员。

②主体施加影响的人和事就是指高校学生事务管理的客体，从实质上来说，就是指与学生有关的一系列事务工作。

③学生事务管理处罚的基点就是学生主体，其事务管理工作的落脚点也是学生。因此可以说，高校学生事务管理工作的重点就是以学生为中心，促进他们的全面发展。

④学生事务管理的具体过程就是由不同的主体承担各自的职责，根据学生的实际情况和需求来安排活动的计划、实施、评估等各个步骤。

⑤从内在发展要求来看，高校学生事务管理具有职业性和专业性的要求，即要求管理主体知识的专业性和技能的专业性，这是从业者的基本要求之一。

3. 高校学生事务管理

高校学生事务管理的概念是在学生事务这一概念的基础上逐渐衍生出来的。高校学生事务是管理的内容，而管理则是一种社会性活动。当前，关于高校学生事务管理的概念，国内外学者尚未形成统一的认识，加之中外高校在国情及办学定位等方面存在较大的差异，很难有相对一致的论述，而从目前所给出的定义角度来看，基本都是以具体的内容为出发点。譬如，高校学生事务管理包括学生课堂以外的所有活动和非学术性事务；又如，高校学生事务管理就是对大学生在校一切活动的管理，有招生、就业指导、心理辅导等。学校所给出的一系列服务，是以学生为主体，针对学生的行为进行监督和约束。我们可以清楚地了解到，高校学生事务管理的概念是从学生事务包含的内容角度去定义的，但这种定义方法存在内容全面但概括性欠佳的问题。目前，在这一概念上较为全面的认知为：学生在校期间对学生学习和生活各个方面的统筹管理和指导，帮助学生身心健康成长、人格全面发展等。与此同时，我国高校学生事务管理还应符合社会主义办学方向，应该包括大学生思想政治教育和党的建设等工作。

4. 学生工作

学生工作，即专门针对学生所开展的各方面工作，所负责的主体人员从学生的思想、心理、品质等方面来组织和规范，从而引导和约束学生的行为养成和品质等，从服务、管理、教育三个方面，全面地完成高校教育工作。教育就是指教导学生在学业上获得新的知识和技能，在思想上形成正确的价值观，在行为上有良好的习惯，在政治上有正确的道德品德，等等。管理就是通过规范的规章制度来约束学生的行为和认知方向，如相应的奖惩措施、学籍管理等。服务则是为了保证学生学习过程的顺利，以及解决他们在生活方面的一些问题和困难所创造出的条件，让学生可以安心学习、健康成长。

进入 21 世纪以来，世界经济、文化发展逐渐趋于一体化，各个国家贸易往来频繁，不同民族和地域的文化也逐渐融合在一起，所以西方的许多教育理论和观念都被陆续引进到我国各个高校中，对于部分优秀的教学理念和教学模式可以借鉴。而"学生事务管理"这一概念恰好就是从西方引进的，在我国一般简称为"学生工作"。

5. 学生人事、学生服务与学生发展

学生事务的概念在长期的应用和发展过程中，又衍生了许多不同概念的表达，如"学生人事""学生服务""学生发展"等。学生应该不仅是学位的申请者，更重要的是将他们看作一个独立的个体，考虑他们真实的、实际的需求。在 20 世纪中期，"学生服务"这一概念得到了一定的深化，学生的个性发展得到重视。由于学生个体之间的差异，学生服务更加多样化。到了 20 世纪 60 年代末，"学生发展"这一概念界定再一次成为讨论热点，学生的全面发展问题成为关注的核心，如学生的文化知识、素质品德、实践能力、思维能力等。学生事务管理则是为了学生全面发展，作为辅助力来帮助他们排除困难和障碍的。在第十九次全国代表大会上，国家更是将教育强国作为中华民族伟大复兴的一项重要工程，加快教育现代化，将学生发展作为教育的重点内容。

二、新时代高校学生事务管理工作科学化定位

1. 总体任务

高校学生事务管理的总体任务会因为不同学校所处的地理位置、历史背景，以及各个学校不同的办学方针、教学模式、校园文化氛围等，而构成不同的任务。但是从宏观角度来看，学生事务管理的总体任务基本一致，均是从社会、学校、学生个人三个方面来作为任务要求的。

（1）社会层面

对社会而言，学生事务管理总体任务包括以下几点。

①让大学生对我国的发展历程和现阶段的国情有大致的了解，对我国传统文化有基本的认知，能弘扬中国共产党的革命精神，自觉维护祖国统一和民族大团结；增强民族自信心，将个人利益与荣辱和国家紧密联系到一起，为民族的伟大复兴和发展进步而不断奋斗，做一个忠诚的爱国者。

②让大学生坚决跟随党的步伐，坚持四项基本原则，坚持改革开放，坚持走中国特色社会主义道路；对那些背离党的基本路线的错误倾向应当学会正确识别和自觉抵制，坚决拥护中国共产党的领导，牢固树立"四个意识"，坚定"四个自信"，切实做到"两个维护"。

③让大学生自觉遵守法律法规，成为一名懂法、守法的合格公民，树立正确的社会主义道德观念，自觉履行作为一名公民应尽的义务，能灵活运用自己在学校中学习的知识维护学校和社会的安全与稳定，形成正确的价值观。

④让大学生坚持学习马克思列宁主义、毛泽东思想、邓小平理论，以及"三个代表"重要思想、科学发展观、新时代中国特色社会主义思想理论等，能用辩证的眼光和思维去看待经济、政治、文化等，从客观的角度去认知人类发展的规律。

（2）学校层面

对学校而言，学生事务管理总体任务包括以下几点。

①能正确解读学校所设置的各项规章制度或政策，为学校教学目标的实现而努力。

②对学校提出的民主管理能积极响应，并自觉成立管理队伍。

③在固定阶段对学生的学习成果做出客观的评价，再根据最后的评价结果来调整和完善教学模式或其他各项工作。负责学生事务管理工作的负责人应当主动承担相应的责任，主动汇报学生在学习或生活中的动态情况，全面地培养人才。

④根据每一批学生所表现出的个体差异性来修改和完善学校相关的规章制度，最大限度地满足学生的身心需求。

⑤制定规章制度和实施方案时应当有助于校园的安全和稳定。

⑥对与学生有关的财产和人力资源能实现有效的管理。

⑦引导学生积极、自主地履行学校规定的学生行为准则，教导学生甄别好坏，充分体现学校的价值理念。在执行和修订学生管理规章的时候，学生事务管理部门就应把学校的办学价值理念和指导思想具体化。

⑧对学生自发成立的管理组织，学校要支持和协助，适当地参与学生的活动。

⑨加强教师与学生之间的双向交流，帮助双方保持良好的互动关系。

⑩制定和完善应急制度，以便在遇到紧急情况或突发状况时，能冷静地做好应对措施。

⑪认真做好学校的专业活动和学术活动，即与学生工作相关的学术和专业活动。

（3）学生个人层面

对学生个人而言，学生事务管理总体任务包括以下几点。

①帮助大学生构建良好的团队意识、人际关系，让学生在面对该类问题时能灵活解决。

②帮助大学生学会基本的判断和选择。

③帮助大学生以最快的速度融入大学生活，并引导他们养成健康、正确、良好的生活习惯。

④为大学生提供在学习上或生活上所需的各种资料，如勤工俭学、参与社会实践等。

⑤帮助大学生完成学业，科学地进行职业生涯规划，获得进一步发展的各种机会。

⑥为大学生拓展更丰富的发展平台和途径，帮助他们实现人生价值。

2. 总体要求

从总体层面来讲，高校学生事务管理的工作要求主要集中在四个方面，即具体事务、专业人员、学生、学生事务专业。其中，专业人员和学生在学生事务管理中占据核心位置，是最重要的两大主体；具体事务则是两大主体的活动载体，也是两大主体进行交流沟通的桥梁；学生事务专业作为一个系统的体系和组织，是在具体的事物过程中不断提升的，如该行业自身的专业发展、专业标准、专业组织等。总之，这四个要素之间是具有较强的逻辑关联的，各自之间相互作用、相互关联，形成了一个完整的体系。

三、新时代高校学生事务管理的主要内容

1. 思想政治教育类主要内容

高校学生事务管理的内容和思想政治教育是相互作用、相互融合的。思想政治教育包含学生事务管理，同样，思想政治教育也是高校学生事务管理的重要内容，是根据我国的基本国情所做出的必然选择。思想引导着一切行为活动，因此要使思想政治教育在学生事务管理中占据重要位置。加强学生的政治认知也是学生事务管理的主要内容。

（1）政治引领

思想政治理论课是落实立德树人根本任务的关键课程。我们办中国特色社会主义教育，就是要理直气壮地开好思政课，用新时代中国特色社会主义思想铸魂育人，引导学生增强中国特色社会主义道路自信、理论自信、制度自信、文化自信，厚植爱国主义情怀，把爱国情、强国志、报国行自觉融入坚持和发展中国特色社会主义事业、建设社会主义现代化强国、实现中华民族伟大复兴的奋斗。

加强对大学生的政治引领是大学生全面发展的需求，也是社会主义大学本质属性的基本要求。对大学生的政治引领主要体现在三个方面，分别为形式与政策教育、政治认同教育、党团组织建设；引领的主要途径即课堂教育和相关的社会实践活动，让学生对国家、党组织、社会环境等方面的认知从表面进入内化，真正从内心深处认可中国特色社会主义文化理论，能看清中国在国际发展中所面临的问题和挑战，形成正确的政治观，使其政治行为也受到影响。

（2）人格塑造

为了让大学生在新的历史时代中具有良好的适应力，高校和社会对大学生均提出了不同的要求。当代大学生除了要独立自强，具有崇高的精神品格，还要具有良好的人格和健康的身心状态。大学生人格的塑造主要可以从价值观、劳动、审美、自我认知等方面进行教育引导，让学生完成自我教育，重视自己的未来发展，在不断进行的社会实践中实现人生价值。

2. 学生发展支持类主要内容

学生发展支持是学生事务管理中的重要内容，包括三项具体内容，即对学生的成长辅导、为学生提供学习支持、帮助学生拓展素质。

（1）成长辅导

成长辅导就是关注学生在成长过程中的相应需求、性格特征、内在潜能等，对学生进

行正确的引导和教育，使他们能适应新的社会形势，让每位学生的天赋都能得到最大限度的激发。这是帮助学生全面发展、提高人才培养质量的有效举措。对学生的成长辅导不只是在学业方面，还包括生活、心理、就业等方面的辅导。

（2）学习支持

学习支持是指帮助大学生更好地学习，养成良好的素质素养，具有积极的学习态度等，并有专职的辅导员或教师来对他们进行辅导。该项服务活动的核心目的和任务就是让学生知道学什么、怎么学等在学习过程中所面对的一些基本问题，让学生树立良好的学习观念，明确自身的学习目标，找准自身的优势和不足，保持良好的学习状态，保证大学期间的学业顺利完成，为未来进入社会就业做好充分的准备，将大学学习作为职业生涯的铺垫和起点。具体来说，对学生的学习支持就是对他们的学习观念、学习方式、学习习惯、学习模式、学习心理等方面的引导和督促。不管是优秀学生，还是学习有困难的学生，学习支持都能让他们得到相应的支持和帮扶，提升他们学习的积极性和主动性。

（3）素质拓展

对学生的素质拓展即提高学生的科学素质和人文素质，这既是学生事务管理的重要内容，也是思想政治教育的核心内容，重点是培养当代大学生的实践应用能力和创新能力，根据当代社会对人才类型的需求及人力资源开发的思想和理念，来对大学生做出针对性的教育引导。根据素质拓展的根本目的和原则，对学生的情商、道德、人际交往、社会实践等进行全面培养。

3. 日常事务管理类主要内容

日常事务管理分为招生注册、毕业就业、行为规范、生活服务和奖励资助五个方面的内容。

（1）招生注册

招生注册可细化为四个专项，即迎新工作、招生管理、学历学位信息服务、学籍注册管理，由学生管理和招生服务部门负责。

（2）毕业就业

学生的毕业就业是指学生在学业结束之后的毕业典礼、就业之前的就业教育，以及帮助学生顺利就业所做出的一系列服务和指导等。

（3）行为规范

学生的行为规范主要是指六个方面，即学生的行为规范与礼仪、法律法规与纪律教育、安全教育管理、学术规范、违纪处理与权益保护、突发事件处置，均由学生管理部门负责。

（4）生活服务

对学生生活方面的服务内容主要就是指与学生衣食住行相关的内容，如宿舍管理、健康服务、文体服务等，由学生管理和后勤服务部门负责。

（5）奖励资助

奖励资助主要是对有突出表现或做出重要成绩的学生给予奖励资助，或是对家庭困难的学生给予扶持和帮助，以及为学生提供社会实践和勤工俭学的平台和途径。

除此之外，加强学生的自我管理也尤为重要，让学生能从自身角度发现问题、解决问题，最终的管理成效要比其他管理效果更好。总的来说，学生事务管理工作需要更细致、更精确，满足学生的实际需求，同时为学生搭建一个广阔的成长、成才平台。

4. 团队自身建设类主要内容

团队自身建设这一大类是以上三类工作的有力保障。我们将团队自身建设分为三个具体内容，即体制机制、队伍建设和考核评估。

（1）体制机制

体制机制主要是指四个方面的内容：制度与规范建设、运行机制、经费与资源管理、工作规划管理。制度与规范即学校内部各个层级中的学工建设，它是学生自身建设的客观载体，意味着学生事务管理工作需要与员工的切身利益保持协调统一而不相悖，也就是说，要将"事"与"人"有效结合，其制度和规范才具有可行性。运行机制则包含了工作机制、保障机制、领导机制等，是由下到上递进的一种体制，使学工系统有效运行。经费与资源管理、工作规划管理则是学生事务管理的基础。

（2）队伍建设

队伍建设就是对学校的师资队伍和学生事务管理的专业队伍建设，一方面要加强对教师的专业技能和素质培养，另一方面要激励教师的教学研究。在队伍建设过程中，在提升整体队伍素质时，还要与教师的个人职业规划相结合，以教师的工作技能和角色定位为基础，再进行强化和进修。

（3）考核评估

考核评估必须遵循公平、公正、客观、全面的原则。考核评估的内容主要以五个方面的内容为主，即评优评先与典型选材、单位年度工作绩效考核、人员年度与聘期履职考核、人员职务与职称晋升考核、专项工作督导评估。其中，对人员履历及工作单位的绩效考核是最基本的内容考核。职务晋升和人员考核均是对人员标准的一种设置，是从可持续发展角度对人员的考核，同时也对在职人员起到一定的激励作用。评优评先与典型选材则是为了在队伍建设中树立榜样效应，从而起到模范、引导、激励作用，能在工作队伍中形成良好的工作氛围，激发从业人员的热情和积极性。这几项考核评估内容缺一不可，共同组成一个完整的评估系统，是专项工作顺利实施的重要保障。

第二节　大学生事务管理思想理念

一、新时代高校学生事务管理的理论基础

当前，我国的高等教育已经进入大众化阶段，并逐渐向普及化阶段发展。在此过程中，随着教育国际交流与合作的加深，我国逐步认知和接受了国内外大量有关高校学生事务管理的理论，并逐渐将学生事务管理作为重要的工作内容。

（一）人的全面发展理论与高校学生事务管理

马克思关于人的全面发展理论始终是指导我国高校开展学生事务管理工作与实践的理论基础。高校以培养"全面发展的人"为宗旨，教育与引导大学生树立正确的世界观、人生观和价值观，促进大学生全面发展。学生事务和高校管理者应该全面、正确地理解全面发展教育观的科学内涵，明确学生的主体性地位，为学生提供良好的教育环境，注重平衡学术事务管理和学生事务管理之间的关系，防止片面的专业教育，避免忽视教育引导的作用。与此同时，协调好学生事务各个事项之间的关系，结合学生的个性和特点，自觉地坚持和贯彻全面发展的教育理念。

（二）素质教育理论与高校学生事务管理

在全面推动素质教育的进程中，我国高校所开展的学生事务管理工作发挥了重要作用和影响，它对大学生的身心素质教育、业务素质教育、思想道德素质教育、文化素质教育产生了积极的影响，对增强大学生的实践能力和创新精神具有不可估量的作用。高校和学生事务管理者应该以全面提高学生的基本素质为根本目的，尊重大学生的主动精神和主体性，以个体性格为基础，注重开发大学生的智力潜能，使他们成长为有道德、有理想、有纪律、有文化的新时代建设者和接班人。

（三）和谐发展理论与高校学生事务管理

和谐发展理论作为一种社会追求和哲学理念，对高校开展学生事务管理工作具有重要的现实指导意义。它要求学生事务管理者一方面要帮助大学生养成健全的人格，促进大学生身心的和谐发展；另一方面要注意大学生自身与社会环境和周围环境的和谐发展，重视大学生与社会之间的和谐互动，培养他们公正的、诚信的道德理念，使他们养成对自我行为的负责意识和能力，实现社会发展与个人发展的具体统一，促进人与社会的和谐发展。

二、新时代高校学生事务管理的主要理念

（一）高校学生事务管理的核心理念

与一般的组织管理理念不同，高校开展学生事务管理工作的核心理念是实施高校学生事务管理的首要问题之一，必须立足于高校学生事务管理本身去理解、认识高校学生事务管理，从国情出发，从学生事务管理的功能、作用和性质等宏观层面来对高校学生事务管理的核心理念进行描述，使之成为指导高校学生事务管理工作的行动指南。

1. 定性

具有生命的个体统称为有机体。高校有机体就是一个基于高校教学科研等活动的各种基本要素相互作用、相互联系的动态的统一体。学生事务管理是以学生为本，以促进学生发展为核心的，在实现高校的整个有机体的功能中起着关键、重要的作用。

（1）学生事务管理是高校有机体的组成部分

高校开展教学活动的目的在于提高学生的综合能力，因此，学生事务管理工作会直接影响到高校总体的管理工作。与此同时，涉及学生事务管理工作的各个要素不是封闭、独立的个体，而是相互作用、相互制约的共同体。

①学生事务管理是高校有机体结构的重要组成部分

学生事务管理体系是高校有机体结构的组成部分。人才培养作为高校的首要功能，也是高校有机体的三大功能之一。学生事务管理就是实现这一首要功能的主要体系。学生事务管理的部门在高校有机体结构中包括了大学生就业指导中心、招生办公室、创新创业学院、院（系）学生工作部门、校团委等机构，在高校有机体机构中占有十分重要的地位。

②学生事务管理是高校有机体内容的重要组成部分

高校有机体由教师、学生、社会、家长等因素构成，帮助其中的每一位学生获得全面

的发展与充分的成长是其核心目的。为此，学生事务管理致力于学生工作，是实现这一目标的载体，成为高校有机体内容的重要组成部分。学生事务管理通过教育教学与行政管理相结合，集中资源来满足学生的发展需求，以便将学生培养成为未来建设中国特色社会主义的中坚力量和国家宝贵的人才资源。

（2）学生事务管理是高校稳定的生命线

高校作为社会的重要组成部分，是社会保持稳定所需的中坚力量。大学生对新事物的接受能力较强，但缺乏一定的社会经验和正确的价值判断，极易受到一些不良信息的误导，从而影响自身的正常发展。因此，学生事务管理作为高校有机体的重要组成部分，对确保高校的可持续发展、维护当前高校稳定、维护整个社会的和谐与安全有非常重要的作用。

①学生事务管理是维护高校自身发展的基本保障

如今，我国高校竞争愈演愈烈，高等教育快速转型，学生事务管理以维护高校稳定、安全为出发点，通过发挥学生事务管理效能，降低各种危机事件对高校的影响，维护高校正常的教学科研秩序，使广大师生能在和谐、有序的环境中学习、生活和工作，以此来促进高校自身的可持续发展。

②学生事务管理是维护高校人才培养的重要前提

人才培养是高等教育的根本任务，而稳定的高校环境是高校开展科研、教学，进行教育教学改革及管理的条件和前提，直接关系到高校培养人才质量的高低。学生事务管理作为高校人才培养的支持力量和间接责任主体，理应加强与高校其他部门的合作，将一些先进的管理理念运用到学生管理工作中，为学生营造良好的校园环境并提供多方面的服务，尽可能地满足学生的发展需求，以便更好地提高学生的整体素质水平。

（3）学生事务管理是高校发展的新动力

信息和创新是全球化的基础。知识是全球化的先导，为全球化带来了竞争激烈的高度知识密集型经济，从而对家庭、劳动力市场、教育及知识的传播和大学的发展产生了深远的影响。我国高等院校在新形势、新挑战下，应当谋求发展，必须重视并重新建构学生事务管理体系和机制，使学生事务管理体系和机制成为高校学生发展的新动力。

①学生事务管理有助于高校创新型人才的培养

对现代高校而言，创新是推动高校开展管理工作的必不可少的要素之一，也是我国高校可持续发展的源泉，对高校的改革与发展具有重要的现实意义。作为社会系统的一部分，我国高等院校的生命力取决于高校本身对社会的贡献能力及社会对高校的需要程度，即高校所培养出来的人才能否满足社会的需求。现阶段，我国已经有相当一部分高校在学生事务管理工作上取得了长足的进展，工作主体逐渐从"辅导员—学生单向互动"转向"辅导员—学生—专业教师、家庭—学校—社会多向互动"，注重学生主体发展；学生事务管理工作目标已从"保稳定"逐步转向"保稳定、促发展"；工作模式从"单纯学生工作"逐步转向"学生工作与学校学科资源优势整合发展"，注重创新服务；工作载体从"课堂、班级"逐步转向"公寓、校园社区文化活动"，注重学生的自我教育；工作内容从"专业学习"逐步转向"通识教育"，着重注意"服务学习"方式的培养；工作管理从"多层级"向"扁平化管理"转变，注重学生自我管理。由此，我国高校的学生事务管理为高校培养国家和社会需求的"厚基础、宽口径、高素质、强能力"创新型人才提供了有力的保障。

②学生事务管理有助于高校科学研究的创新

随着教育与科学技术、经济社会的发展日益紧密，人类人才观念、所需知识的内涵也随之发生变化。高等院校作为实施高等教育的场所，不仅能开展高素质人才培养工作，还能开展高新技术研究工作，这对完善国家创新体系具有重要意义。而大学生是高校的重要组成部分，学生事务管理可以为大学生提供多方面的帮助，引导学生加强对科学创新的重视，着力培养积极参与科研的创新人才，通过与教师、社区、市场等多方面的良性互动，瞄准社会需求，引导高校科学研究，并在学科体系、科研方法等多个方面不断进行创新，从而达到促进学校发展和学校科学研究工作进步的目的。

③学生事务管理有助于高校与社会的互动和共赢

当前，我国正处于社会转型发展的关键时期，而高等院校作为培养人才的重要场所，应当提高对社会发展的重视，了解社会各行业对人才的需求，从而有针对性地开展相关的研究工作和人才培养工作，以便更好地促进社会发展。在具体实施过程中，高校学生事务管理部门应当引导学生关注社会发展信息，鼓励学生参与社会服务工作，通过协同育人，促进"大学生—学校—社会"之间良性互动，实现社会、学校、大学生共同受益。

2. 定位

高校在开展学生事务管理工作之前，应当先明确学生事务管理的定位，根据外部环境的变化与时代的发展来对学生事务管理的一系列内容进行调整，以便更好地满足学生的发展需求。与此同时，学生事务管理者在处理具体的事务时要确保不偏离自身的定位，有序地开展学生事务管理工作。

（1）从属性

从学生事务管理工作的归属来看，它可以作为高校管理系统中的一个子系统，也可以作为高校行政结构中的一部分。学生事务管理的从属性体现在以下两个方面。

①学生事务管理从属于高校管理系统

在管理系统上，高校管理工作的运转依赖各个管理系统的相互协调和相互配合。学生事务管理体系属于高校的整个管理系统，必须在整个高校管理工作的框架下运行和操作，服从和服务于高校社会服务、培养人才和科学研究的功能需要，和其他管理系统配合完成整个高校的功能和任务。

②学生事务管理从属于高校行政结构

从高校的行政结构来看，学生事务管理主要是作为高校管理系统的一个组织架构，不能离开高校而独立存在。高等院校的教学工作除了会影响人才的培养质量之外，还会影响到我国的教育发展和相关战略的实施。高校在开展教学工作时会受到国家政策的制约，必须严格按照国家相关规定来进行育人工作。因此，学生事务管理机构也必须明确国家规章制度的要求、高校的决策和高校行政机构的指令等高校的宏观战略目标。

（2）服务性

高校在开展学生事务管理工作时应做到以学生为主体，坚持为学生提供服务，以达到促进学生发展的目的。

①转变管理理念，树立教育、管理、服务"三位一体"的意识

现阶段，以人为本的高校管理价值取向要求高校的学生事务管理必须改变线性式、传统单一的思维方式，以促进大学生全面发展的思想引领管理过程和教育活动；适时转变管理理念，将过去以控制为主的管理理念转变为现在以服务为主的管理理念，将更多的工作重心放在完善管理工作上，同时加强对教学中心工作的重视，为教师提供教学方面的便利，以便于促进学生的自主学习、学校的改革与发展、科技创新；进一步确立在学生事务管理中的主体地位，明确服务的对象，促进学生自主、全面、和谐地发展，达到管理即服务、管理为教育的最终目标。

②管理与服务协调统一

发展学生、以学生为本是学生事务管理的核心理念，以学生事务管理为逻辑起点，以学生事务管理为最高目标。结合高校育人的中心任务，学生事务管理应时刻以高校育人为核心追求，在工作流程、机构职责、协调机制、管理制度等方面，紧紧围绕学生发展这一核心目标，进一步处理好服务与管理的协调统一，深刻理解管理是服务的有效保障、服务

是为了更有效地管理这一关系，保证两者职能的相得益彰、相辅相成。同时，在管理中加强服务也要切忌因强调管理的科学、追求服务的完善而忽视或淡化学生事务教育功能的发挥。

（3）学生事务管理实现路径的整合

高校之所以要开展学生事务管理工作，其目的在于根据运作机制来为学生提供服务。在此过程中，高校应当做好学生事务管理工作的安排，以此来提高学生事务管理水平。倘若没有成功整合的学生事务管理实践路径，其理论、目标与内容将始终停留在理念层面。在具体的实践中，学生事务管理者要将高校、院（系）、社会、学生多方资源作为节点，把这四个节点各自视为一个几何平面，并在学生事务管理过程中排列组合，发展出循环运行的学生事务管理的实现路径，体现出不同的阶段性特点；要学会判断、学会选择，帮助大学生树立团队意识，使其学会解决实际困难和问题，构建良好的人际关系，从而切实有效地提高大学生的综合能力，弥补大学生在发展过程中的不足。另外，高校在开展学生管理工作的过程中应当坚持以学生为主体，根据学生的实际情况来选择不同的培养方式，使学生能充分发挥自身的优势，朝着更符合自身情况的方向发展，为社会发展与进步做出一定的贡献。

（二）支撑理念

高校学生事务管理的根基为若干支撑理念，所以全面、深刻地理解学生事务管理不能脱离其支撑理念泛泛而谈。学生事务管理的运作，更是需要着力厘清这些支撑理念各自的内涵与相互之间的关系。

1. 人性观

我国高校学生管理工作随着高等教育改革的不断深化带来了前所未有的挑战和迅猛发展。我们面对这些挑战，可以从管理学人性假设理论中寻求启示，并完善、创新我们的工作机制。从管理学的人性假设来看，它所强调的是人们在一定的条件下对人的需求进行预设，以此制定相应的管理策略。国内外学者对这种人性假设有着不同的认识，并开展了相关的研究工作，其中影响较为显著的论述主要有"工具人"论、"经济人"论、"管理人"论。

（1）"工具人"论

从"工具人"论的观点来看，管理者与被管理者是相对立的，其中管理者的作用在于发号施令，而被管理者则需要完全以管理者的指令为指导来行事，如同一个"工具人"。然而，这一观点始终将人看成组织发展的手段，从根本上忽视了人的主体性存在，这与现今的学生事务管理已经脱节。与"工具人"论的基本思想不同的是，高校的管理者与学生并不是完全分立、对立的，学生事务管理者在开展学生事务管理工作时，应当从学生群体中选取一定的学生参与管理工作，加强对学生总体情况的了解，完善学生管理工作的内容，以便于更好地服务学生。与此同时，学生事务管理者还应当通过引导的方式来使学生认识到加强自我管理的重要性，使学生能合理地控制自身行为，从而更好地达到学生事务管理的管理目的。

（2）"经济人"论

从"经济人"的观点来看，利益是人们实施某种行为的重要驱动力，因此人们在开展管理工作时应当充分运用物质奖惩来加强管理。国外一些学者认为，人一生的行为是不计其数的，有的行为在受到强化后会再次出现，而其他没有受到强化的行为可能就不会再出现。当人们通过奖励来强化人的某种行为时，人的需求就得到了一定满足，从而产生再次实施该行为的想法，正因如此，"经济人"假设应用到学生事务的管理上体现为以下方面。

学生不可能在任何时候都对教学活动、学习内容等产生较强的学习动力，而针对这一情况，学生事务管理者可以通过给予一定奖励的方式来吸引学生注意力，使学生积极参与管理工作。在此之前，学生事务管理者要深入学生群体，在了解学生实际需要的基础上，制定能满足学生需求的奖励措施，例如：对成绩优异的特困生而言，学生事务管理者可以通过资金奖励来进一步激发学生的学习动力；对有着科研兴趣的学生而言，学生事务管理者可以为学生提供科研平台，并为取得研究成果的学生提供物质奖励，鼓励学生代表院、校积极参加各类文体比赛、学科专业竞赛等，按照获奖者等级的不同给予一定的物质奖励；鼓励学生积极拓展第二课堂，开展创新创业训练等社会实践活动，根据活动效果对活动的参与者给予相应的奖励等。在一定奖励的作用下，学生逐渐培养了良好的学习兴趣，形成了良好的道德素养，从而有助于学生事务管理者更好地开展学生管理工作。

（3）"管理人"论

"管理人"论认为，应该在生产活动中意识到并充分发挥人的管理生产活动的能力与自主管理能力，将人从单纯的被管理者角色中脱离出来，成为管理人，以实现管理的目的。正因如此，"管理人"论应用到学生事务的管理上体现为以下方面。

随着我国高校管理体制的不断发展和完善，高校管理者在制定和实施某些决策的过程中会更多地考虑学生、教师等的意见。对大学生而言，他们是高校的重要组成部分，可以在高校管理过程中合理地发表意见，也可以对高校政策的实施过程进行监督，这对高校开展学生事务管理工作具有重要的积极意义。在此过程中，大学生理应从单纯的被管理者角色中超越出来，成为特定的管理人，将学生自主参与高校管理的能力充分发挥出来，以达到自我管理的目的。

2. 学生观

从高校学生工作者的角度来看，学生观表现为教职人员对学生的不同认识的集合。学生观并不是固定不变的，它会受到国家经济、政治、文化等因素的影响，从而发生相应的变化。通过对学生观的研究，人们可以更加明确学生事务管理者、教职人员与学生之间的关系。

（1）学生是学习者

作为社会的未成熟者、教育专门的培养对象，学生承担着学习科学文化知识的重要任务，是理所当然的学习者。作为受教育者，学生是教育的特定培养对象，而学习是学生生活中的一部分。因此，学习者是学生最基本的角色定位。

把学生当"人"是学习者角色的前提和基础，是尊重并承认学生之为人的动机、需要、人格特性、情绪情感。每位学生都是不同的个体，他们对学习往往会产生不同的看法，学习效率也会有所不同，这表明了学生并不是被动接受教育的学习者，而是有着自主学习意识的学习者。换言之，学习是学生主动探求未知知识的过程，是必须依赖于学习者参与、体悟才能实现的行为，绝不是由他人灌输或授予的活动。

（2）学生是消费者

如果从市场经济的角度来看待高校与学生之间的关系，那么人们可以将高校看作为学生提供教育服务的"卖家"，将学生看作向高校购买教育服务的"买家"，只有当高校所提供的教育服务满足了学生的需求，才能真正地保障学生的权益。这样一来，高校与学生之间的关系将会发生根本性的变化。作为教育服务的提供方，高校理应满足学生的学习需求，为其提供相关配套的服务，这就是一种消费者与服务提供者之间的关系。

（3）学生是被管教者

高校和教师运用相应的手段、方法管束学生的言行或行为被称为管教。对高校教职人员而言，其实施管教行为的目的在于及时纠正学生在学习过程中的不良行为，使学生能更好地接受教育服务，提高学生的文化知识水平和思想道德水平，从而促进学生更好地发展。从中可以看出，管教有着两种不同的含义：其一，高校教职人员按照正常、合理的程序对学生进行教育，使学生各个方面得到提升，从而推动高校育人目标的实现；其二，高校教职人员根据学生的实际情况来规范学生的学习行为，使学生尽快回归到正确的教育途径上，但在管教的过程中必须保障学生的基本权益，避免造成学生身体或心理上的伤害。

所以，只有当高校教职人员以合理的方式来教育学生和管理学生，才能称之为管教行为。

高校或教师在"学生是被管教者"的观点影响下，其管教行为会出现一定的偏差，即忽视学生的差异性，统一管理学生，使学生无法发展自身的个性，只能被动地接受教师的指挥，完全按照教师的指挥来发展。当过度强调学生管理者的权威性时，教师在管教时就会强制要求学生服从规定，并使学生按照规定来调整自身的学习行为，而不能按照自身的想法来行事。这样一来，学生事务管理的服务功能就会弱化，而更多地强调其控制和约束功能，从而达到维持高校的秩序和等级分差的师生关系的目的。

（4）学生是创造者

经济全球化的大趋势下，都在着重强调创新的重要性，而自主创新能力已成为国与国之间竞争的核心能力。高校承担着培养具有自主创新能力的人才的重任，但是受历史传统和认识偏差等因素的影响，学生在过去很长一段时间里，还是以客体的身份参与科学研究、人才培养、教学管理等高校事务。将学生作为高校教学管理和人才培养的重要参与者，实现学生的客体性参与向主体性参与的转变成为高校学生管理工作的重要课题。

除此之外，在高校的管理、人才培养计划的制订等方面，学生也逐步地参与进来。学生的创造者身份在通过学生自身的努力后得到了来自社会和高校的承认。

3. 学生事务观

学生事务观主要是指人们关于高校学生事务工作的观点的集合。从有关学生事务观的研究来看，学生事务观的内容主要包括两点，分别为开展学生事务工作的原因和开展学生事务工作的过程。这能为高校开展学生事务管理工作提供一定的指导。因此，高校在开展学生事务管理工作之前，应当以正确的学生事务观作为指导，以便于更好地开展学生事务管理工作。

（1）载体论

从载体论的观点来看，高校学生事务管理工作的载体包括所有能承载有关高校学生事务管理工作内容信息的形式。

高校学生思想政治教育管理载体是思想政治教育内容与学生事务管理工作相结合的产物。这使得高校在开展学生事务管理工作的过程中能有效地对学生进行思想政治教育，以便于更好地提高大学生的思想道德水平。总的来说，高校思想政治教育管理载体具有综合性、社会性、广泛性、艺术性的特征，以及及时有效、深入细致、影响持久、感染力强等属性，其功能主要包括修身育人功能、规范行为功能和素质培养功能，这些都有利于实现思想政治教育的目的。

（2）需求论

科学发展观中的"以人为本"理念对高校有着重要的影响作用。当"以人为本"的理论应用于学生事务管理工作中时，学生事务的管理不再是单向的控制、管理、约束，而是对大学生的基本尊重和对其人性的呼唤。从需求论的观点来看，要促进学生的发展，首先要了解学生的发展需求，然后尽可能地满足学生的发展需求。在具体实施过程中，学生事务管理者应当将注意力放于人的情感、社会、心理因素、归属感上，强调人的合理需求。学生主体对学生和自身的发展负有责任，而学生事务的管理在于直接服务于高等教育的使命——促进学生全面而个性地发展，形成健全的人格。大学生需求内涵也日趋丰富，因此，特别是在价值观日趋多元化的情况下，高校应当不断更新学生管理理念，创新学生管理模式，丰富学生管理手段，健全和完善学生管理制度，以科学的方式促进大学生的全面发展。

学生事务管理者只有真正做到把学生作为管理、教学和教育的主体，充分尊重学生的主体性，才能构建"以人为本"的学生管理体制。在学生管理的过程中，学生事务管理者应当做到以下几个方面。

①学生事务管理者要给予学生基本的尊重。

②学生事务管理者要拉近与学生之间的关系，了解学生的实际需求，从而有针对性地制订解决方案。

③学生事务管理者要引导学生探究书本以外的知识，使学生充分发展自身在某些方面的优势；同时，要积极引导学生将所学的知识运用到具体的实践中，促进学生身心健康发展。

④无论课堂教学，还是创业训练，学生事务管理者要坚持为学生服务，在满足学生发展需求的过程中实现管理目的，同时拉近与学生之间的关系，真正做到"一切为了学生，为了一切学生，为了学生的一切"。

第三节　大学生危机事件管理

一、大学生危机事件的含义、特征和原因

（一）大学生危机事件的含义

大学生危机事件是指高等学校学生在日常学习、生活及课外活动中突然发生的，有可

能对大学生自身造成人身伤亡，对学校正常教学、管理与生活秩序造成影响，对校内安定造成一定冲击，对学校形象和声誉带来负面影响的事件。如自杀、自残或自虐、重大疾病、食物中毒、群体性流行疾病感染、出走或失踪、打架或群殴、贵重财物失窃、交通意外伤亡、宿舍火灾、群体性集会、罢课或罢食、溺水身亡及信息传播不当等事件。

（二）大学生危机事件的特征

大学生危机事件虽然不是危机管理理论研究的重点，相对企业、社会、政府而言，高等学校是一个比较稳定的场所，危机暴发的频次相对不高。但由于高等学校是培养人才的重地，在社会上具有广泛影响力。高等学校师生作为高知识、高素质群体，始终受到政府、公众和媒体的重视与关注。大学生危机事件一旦发生，尤其是具有突发性和轰动性的事件的发生，必然牵动社会神经，成为社会的焦点。因此，有必要对大学生危机事件开展研究，厘清其基本特征，从而找出其管理方法，尽可能减少大学生危机事件，消除其不利影响。

大学生危机事件，隶属于危机事件，是指发生在特殊领域、发生在特殊群体身上的一种危机事件。因此，在考虑大学生危机事件的特征时，应该从两个方面来考虑，即大学生危机事件的一般特征和个性特征。

大学生危机事件的一般特征是一般危机事件所共同具有的，从对危机事件的界定来看，大学生危机事件具有如下六个一般特征。

1. 大学生危机事件具有突发性

危机事件是偶发情况，是小概率事件，常常由不同的节点串联而成，无数的细节排列组合导致了一个必然的结果，是一个从量变到质变的演变过程，其爆发具有必然性，但具体什么时候爆发、会以什么形式爆发都是难以预料或是难以准确地加以预测的。大学生危机事件大多突然发生，难以预料，通常是在事先未有预警的情况下爆发，即便个别的有一些先兆，但由于发生的时间、规模、事态发展的状况和影响程度都难以预测，往往使高等学校管理者措手不及、无从防范，但也提醒我们要对细节给予更多的关注。

大学生危机事件在发生之前虽然会有一些预警或征兆，但是实际的发生时间和地点却是很难预知的，而且为了达到扩大影响的目的，往往会采取出人意料的手段，超出了高等学校正常的运行秩序，更凸显其突发性。危机事件爆发之后，其发展过程、趋势、实际规模及具体时间和影响程度也都是难以预测和把握的，加之有关危机信息的掌握不充分、不及时、不全面，也使得管理者很难对大学生危机事件进行有效的管理，在危机的发展过程中也会出现难以预知的突变，更会加剧管理的难度。并且，也正是由于其突发性，才使相关事件具有较大的破坏性，从而形成危机。

2. 大学生危机事件具有危害性

无论何种危机事件，都必然不同程度地造成危害。大学生危机事件，都会不同程度地影响学校工作的正常进行，产生消极效果和负面影响：或是给学校造成物质财产上的损失，或是威胁到大学生自身或他人的人身安全，或是造成一定范围内的人心混乱和恐慌。

而在大学生危机事件中，情绪激动的学生最突出的特点就是迅速聚集，如果高等学校管理者处理不当，甚至会造成罢课、游行等严重后果。这种群体活动破坏了教学、科研和其他方面的正常秩序，给高等学校的整体工作和学生学习带来损失，并造成人们思想上的混乱和心理上的极度恐慌。由于大学生是备受社会关注的群体，这种事件的发生更容易引起社会反响，极易被社会上别有用心者和闲杂人员利用，客观上"放大"和"加深"了危害性的范围和程度。大学生危机事件的直接涉及范围不一定在普遍的公众领域，却会因为迅速传播引起公众的关注，成为公众热点并造成公共损失、公众心理恐慌和社会秩序混乱，而且危机往往带有连带效应，可能引发次生和衍生事故，导致更大的损失和危机，还会给人们的心理造成无法用量化指标衡量的负面效应。

3. 大学生危机事件具有双重性

所谓双重性，是指"危机"既是危害，又是机遇。危机事件的危害性，危机的发生必然带来各种损害。大学生危机事件的发生会带来各种损失，但往往也蕴含着机会和转机，如果能抓住机会，很可能会带来管理上的革新并有效阻止其他危机的发生。首先，大学生危机事件具有严重的危害性，破坏了学校教学、科研和其他方面的正常秩序，给学校整体工作带来影响。而且由于学生群体广泛的社会联系，加上目前发达的信息网络，这些危机事件还会波及社会其他领域，最终带来对整个社会秩序的危害。然而，"祸兮福之所倚，福兮祸之所伏"，祸与福之间并没有绝对的界限，在一定条件下，危机也可以转化为发展的转机。如果能抓住危机时期提供的特殊舞台，充分利用危机的非常状态，可以在实践中教育、训练、提高广大师生职工的心理承受力、是非分辨力和团队凝聚力，并且在危机管理过程中，能检验、发现和反思各个方面存在的问题、缺陷，有助于及时改正、完善、提高学校的管理水平。此外，由于危机的产生，破坏了学校原有管理系统的稳定态和工作的常态，迫使人们在短时间内选择一些新的手段、新的办法、新的理念，做到"穷则变，变则通，通则久"，客观上起了除旧立新的作用。这就要求教育者要有敏锐的眼光，善于把高等学校学生危机中出现的新课题、新需求和新因素转化为发展的机遇。

只要高等学校的管理者们能认识到大学生危机事件的双重性，及时做出正确的决策，采取有效措施加以干预，危机也会给高等学校的发展带来新的契机。成功地化解危机，便能使高等学校经受住考验，积累处理危机事件的经验，做到可持续发展。大学生危机事件的这种危害性和机遇并存的特征也时刻提醒管理者：在面对危机事件时，不能只看到消极的一面，而要努力将"危"转化为"机"。

4. 大学生危机事件具有聚集性

危机事件发生后，相关的信息传播比危机事件本身发展要快得多。对涉世未深的学生来讲，价值观还未成熟，考虑问题也不够全面，易冲动，受外界影响较大的事件的发生就像一枚炸弹，若处置不当会迅速传播开来，激发起学生的思维活跃性，易产生共鸣心理，使更多人效仿，加大事件的严重性。加之现代通信技术高度发达，事件不仅是一所高等学校的内部事件，更会引起新闻媒体及整个社会的广泛关注。

5. 大学生危机事件具有急迫性

危机事件的爆发往往较为突然，且发展迅速，并带来一定的危害性，如果不果断迅速地采取措施，控制事态发展，就会使危机事件进一步恶化，产生无法弥补的后果。因此，只要有大学生危机事件爆发，高等学校的决策者就必须在第一时间做出判断，快速反应。

6. 大学生危机事件传播的广泛性和影响的可塑性

一直以来，高等学校都是公众和舆论高度关注的对象，而大学生危机事件更是人们集中讨论的话题，牵动着社会的神经。一旦危机事件发生，社会媒体会直接介入并进行宣传报道。对媒体而言，越是具有突发性和轰动性，就越具有新闻性，越能满足大众的好奇心。如果事件处理不及时，得不到公正的理解和当事人的满意，则会以更快的速度广为传播。正是由于大学与千千万万个家庭相联系，危机事件一旦发生，就必然引发社会的强烈反响，使危机事件得以"放大"并产生"辐射"效应。如果处理及时有效，坚持以"告之、疏导、改变"为核心的事实导向传播策略和以"迎合、引导、重构"为目标的价值导向传播策略，就有可能改变危机事件带来的影响。

（三）引发大学生危机事件的原因

对大学生危机事件的种种分类和分析，尽管标准不同，分类结果不同，但目的无非只有一个，即通过分类，全面、深刻地认识大学生危机事件，从而更好地对其进行管理和控制。要管理和控制好一项事务，必须从其形成的原因入手。因此，从大学生危机事件的诱因分析入手，将其分为如下三个类型。

1. 由政治因素引发的政治性大学生危机事件

改革开放以来，我国的国际地位虽然在不断上升，但西方敌对势力对我国的破坏也从来没有停止过。西方敌对势力唯恐中国不乱，常常无故制造事端，引起冲突。大学生单纯、热情、敏感，面对敌对势力的一些不友好言论和行为极易冲动，往往会采取非理性的方式表达自己的爱国诉求。

2. 由社会因素引发的社会性大学生危机事件

随着高等学校管理方式的不断社会化和学生结构的日趋多元化，高等学校与社会的联系越来越紧密。而我国当前社会正处在大改革、大调整、大发展的时期，各种社会矛盾突显，各类不安定因素猛增，如环境恶化、社会腐败、贫富差距、分配不均、学生就业困难等多方面问题，会导致一些学生心理失衡，将内心的怨气用极端的方式发泄，因而大学生危机事件时有发生。

3. 由高等学校管理因素引发的大学生危机事件

近年来，高等教育事业快速发展，但在一段时间内，高等学校的教学质量、后勤服务、硬件设施、管理理念和管理水平等方面，都不能适应学生的需求，如不尽快解决势必引起学生的不满，埋下危机隐患。

二、大学生危机事件管理的意义、目标、主要特征

（一）大学生危机事件管理的意义

1. 加强大学生危机事件管理是构建社会主义和谐社会的需要

当前，我国正处于构建社会主义和谐社会的伟大历史进程中，党和政府对社会公共危机管理高度重视，在行政、法律等各个方面采取了不少有效措施予以保证。高等学校是社会的重要组成部分，同样需要加强这方面的管理，尤其是由于大学从来就是文化精英集中的领域和思想产生的所在，是全社会共同瞩目的地方，因此，在某种意义上，大学生危机事件的正确处理尤为重要。只有处理好了大学生危机事件，方能使高等学校的各项工作正常运转，营造积极、健康的育人环境，社会才能因人们对这一引人注目的场所的正常关注而趋于和谐的状态。

2. 加强大学生危机事件管理是实现高等学校人才培养目标的需要

高等学校肩负着为社会培养合格建设者的重任，而要达到这一目标，安宁、祥和的校

园是一个不可或缺的重要条件。换言之，高等学校只有建设起和谐的校园，才能更好地承担起培养合格人才的重任。然而，在转型时期，急剧的社会变迁会使高等学校面临较以往复杂得多的外部环境，至于高等学校自身的改革，也会出现不曾发生的矛盾，或使潜藏的矛盾显露，从而影响到和谐校园的建设及合格人才的培养。因此，要实现高等教育的根本目的，加强大学生危机事件管理是非常重要的一项行政举措。

3. 加强大学生危机事件管理是大学生健康成长的需要

大学生的健康成长是一个动态的过程，受到各种因素的影响。在对外开放不断扩大，以互联网和手机通信为代表的现代传媒手段蓬勃兴起的时期，西方形形色色的社会思潮和光怪陆离的生活方式经由各种途径展示在大学生眼前，使他们在开阔视野的同时，面临着诸多的诱惑和陷阱。而高校大学生正处于 18～24 岁之间，精力充沛、情感丰富而又相对缺乏社会阅历、易于冲动，再加上他们各自的情况千差万别，部分人由于家庭等原因难免产生心理障碍和行为偏差，所以，在现今竞争激烈的时代，大学生往往会因所面临的各种压力而导致行为失控，发生危机事件。由此，为了大学生健康成长，教育工作者需在管理中引入"危机"这一概念，使大学生在行为上得到很好的引导和帮助。

4. 加强大学生危机事件管理是丰富大学生危机管理理论的需要

从理论上对大学生危机管理进行系统研究，有助于一整套科学的、具有很强的操作性的大学生危机管理体系的建立，对危机事件的防范和消解无疑具有重要的意义。但近年来，不少高等学校虽然结合实际情况制订了大学生突发事件的预防和处理方案，却由于缺乏深入的理论研究，而使得它们难以随形势的发展而发展，有效减少危机事件的发生。既然如此，高校工作者应努力开展这方面的工作。尽管危机事件管理本身是服务大学生健康成长这一社会需求的，是一种物质行为，但有利于相关理论的建构也是非常重要的一个方面。实际上，危机事件管理只有在这方面体现出它的效用，才能最大限度地实现它作为大学生危机事件治理的重要举措的价值和意义。

（二）大学生危机事件管理的内涵的界定

高等学校学生危机管理是一个动态的管理过程，是高等学校管理者在高等学校学生危机事件发生前、发生时、发生后等不同阶段采取不同措施加以应对，力求防范危机、解决危机、转化危机的管理过程。

（三）大学生危机事件管理的目标

大学生危机管理目标，简单地说就是为了预防和减少危机的发生，控制、减轻和消除危机引起的危害，规范危机应对活动，保护师生人身财产安全，维护校园安全和社会秩序。就是要建立起"居安思危，预防为主；机构健全，反应迅速；统一领导，分级负责；协同应对，依法规范；处置高效，减少危害；以人为本，提高素质"的危机管理体系，保障师生安全，维护学校声誉，促进社会和谐稳定，打造平安校园、和谐大学。

这个目标可概括为"一个体系、三项指标、一个结果"。一个体系就是危机管理体系，具体内容是学校层面的"一案三制"；"三项指标"则指师生安全是否得到保障，学校声誉是否得到维护，社会和谐稳定是否得到促进；最终的结果就是平安校园、和谐大学的营造。

（四）大学生危机事件管理的主要特征

随着大学生危机事件的日益增多，我国加强了危机管理体系，建立起一套从中央、地方到高等学校的危机管理体系，形成了具有中国特色的大学生危机事件管理特征，即人性化、学校化、日常化、教育化、前瞻性、问题性、风险性和有效性。

1. 危机事件管理的人性化

大学生危机事件管理坚持以人为本的理念，做到在危机事件处理中以"人"为中心，以学生为中心，善待危机事件中的每一个人。对危机事件管理植根于学生之中，与学生同呼吸共命运。在危机事件处理决策上，以大多数学生是否赞成、是否受益为依据，保护和尊重学生的利益。在危机事件处理上，深入学生、体察受害者的疾苦，把学生的需要当作第一选择，把学生的利益当作第一考虑，把学生的满意当作第一标准。深怀爱民之心，恪守为民之责，善谋富民之策，多办为民之事。在处置现场，处置者能理解伤亡人员的心情和言谈举止，做到冷静地听取受害者的意见，了解有关赔偿损失的要求，避免在事件现场与受害者发生争执，即使受害者有一定的责任，也不在现场追究。在化解纠纷上，尽量做到以情动人、以情感人，尽可能给受害者以安抚和同情，提供其所需要的服务，以争取家属的理解和支持，防止新的危机事件发生。

2. 危机事件管理的学校化

大学生危机事件的管理上至中央，下至学校，共分三个管理层级，教育部是全国大学生危机事件管理的最高管理组织，其次是省、地（市）、县地方政府的管理部门，学校是大学生危机事件处理的基层单位。尽管大学生危机事件的应对与处置涉及社会各个方面，需要政府，甚至街道社区的参与，才能有效处理并圆满化解。但国务院关于"健全分类管理、分级负责、条块结合、属地为主的应急管理体制"精神，决定了大学生危机事件管理的主体是高等学校。无论是从近年来的实践运作，还是从高等学校自身的职能定位，学校理应是我国高等学校大学生事件管理的主体。近年来，高等学校依照国务院、教育部的法律法规，先后制订了有关处置大学生危机事件的预案，开展了预防危机事件的教育，成功处置了大学生危机事件。

3. 危机事件管理的日常化

实践证明，许多大学生危机事件是可防可控的。基于这种认识，我国把大学生危机事件管理纳入高等学校的日常管理。学校通过规范组织分工，建立常设性的工作机构，将临时性的危机处理部门长期化、专门化，为日常危机事件处理的有效进行提供组织保障。良好的管理无不依赖良好的制度，大学生危机事件的日常管理更是如此。高等学校在科学分析总结的基础上，普遍将大学生危机事件管理规范化、制度化，建立健全了包括危机预测、危机防备、危机处理及危机总结的一整套规章制度。加强对有"问题"学生的分析、排查，把需要关注的学生纳入监控范围。各高等学校普遍成立了由校学生工作职能部门负责人、院（系）学生工作负责人、辅导员、班导师及学生骨干等组成的问题排查小组，建立健全学生通信网络，完善以班级、宿舍、社团为单位的基层负责人制度，采取同学交流、个别谈话、深度调查、档案排查等方式，发现问题，并及时处理。对在心理、生活、就业、恋爱等方面存在突出问题的学生，重点给予关注，加强与宿舍部门、心理咨询中心、就业指导中心、教务处等部门的沟通和联系，及时了解学生在宿舍、课堂等场所的表现，掌握第一手材料，采取措施，防止问题的发生。

4. 危机事件管理的教育化

大学生由于精力旺盛、血气方刚，常常因缺少经验和感情冲动等造成危机事件，加之高等学校还潜伏着不少的人为事故隐患，针对这些情况，高等学校加大了对广大师生员工的危机教育。危机教育主要包括危机意识教育、危机案例教育和危机防控专业教育。危机教育的开展不仅有利地增强了广大师生员工的危机意识，而且提高了他们面对危机的心理承受能力和应变能力，规避了危机风险。许多高等学校针对学生实习、实验、外出勤工助学等情况，定期为学生讲述安全知识、进行安全培训、派发安全提示单，并根据情况与实习或用工单位签订有关协议或购买人身意外伤害保险，做到"未雨绸缪"。

5. 危机事件管理的前瞻性

由于大学生危机事件有突发性，因此树立前瞻预防观十分重要。预防的前瞻性就是指在危机事件爆发前对其进行控制，这是加强对危机事件从源头进行治理、减少或减轻危机事件所带来的损失的有效手段。近年来大学生危机事件管理的实践证明，对其发生和升级的预防，比单纯的对某一特定危机事件的解决显得更加重要，如果能在危机事件发生之前就及时消除产生危机的根源，那么高等学校管理者就可以节约大量的人力、财力和物力。但是由于管理者往往认为危机事件是突发的、不可预测的，在对征兆的监测和判断上经常疏散式管理，甚至会完全忽略，成为大学生危机事件管理中最易遗忘的一环。

6. 危机事件管理的问题性

危机是问题的剧烈或极端表现，危机问题和危机的关系就像燃烧和火灾的关系。大学生危机事件的发生必然有引爆点，其中既有潜藏在内部日积月累的大学生校园问题，也有校园以外的社会诱因。大学生危机事件管理不仅是去处置已经发生的"熊熊燃烧的大火"，还应把管理的重点移位到"防火"上来。按照危机管理理论，应急管理是面对紧急突发事件，而公共危机管理面对的是日常工作，因此大学生危机事件管理应当融合应急管理和公共危机管理，将源头问题作为管理的重点。只要注意从源头上消灭引发危机事件的根源，带着"问题性"进行过程管理，合理疏导、及时解决潜在问题，增强危机意识，按照预警制度治理，就能减少引发危机事件的导火线，把问题解决在"摇篮"里。基于大学生危机事件诱因已有社会化的倾向，在寻找问题性时，就需要全面通盘地考虑，把校园内的问题与校园外的社会因素全部考察在内，把大学生危机事件的管理真正做到"问渠于活水之源"。

7. 危机事件管理的风险性

风险是指发生可预期的损失的可能性，风险管理是指运用系统的方式，确认、分析、评价、处理、监控风险的过程。大学生危机事件管理就是要引入风险管理的理论，进行这样一种危机管理的主张和行为，即"把风险的管理与校园政策管理、计划和项目管理、资源管理，与高等学校的日常公共管理的各方面有机地整合在一起"。大学生危机事件的发展风险往往会超出学校可能承受的边界，仅仅依靠校方和学生工作主管部门难以完全处理，它所造成的社会影响、经济损失甚至出现政治意识形态领域中的冲突是相当巨大的，这是由许多可能潜伏的风险和不确定的因素引发的。只有将可能发生在危机事件中的风险进行透彻的评估和研究，才能制定出正确的应对和避免危机的风险战略和策略。

8. 危机事件管理的有效性

大学生危机事件管理是一个长期的过程，在建设中要有战略性的眼光，持续地坚持进行。大学生危机事件的管理从预防准备到预报警戒，再到危机处置应对、危机恢复，必然是一个相对漫长的进程，而且在这一过程中还存在反复和困难；从历史进程来看，一次危机事件的结束又将是另一次危机事件的萌生，大学生危机事件管理是一项不能停步的工作，它的预防和准备的目标也就具有了战略性、长期性和长效性。大学生危机事件管理绝不是一次性的应急管理，应急管理非常重要，其有效性不言而喻，除了危机暴发状态中的有效应对以外，大学生危机事件管理的有效性还在于及时预报和尽量减少危机事件。联合国前秘书长安南说过："首先，我们必须从反应的文化转换为预防的文化。从中期和长远来看，最重要的任务是将减少的数量和损失放在第一位。预防不但比求助更人道，而且成本也小得多。"

第三章 大学生心理健康管理

第一节 大学生心理健康概述

一、心理健康的含义

心理健康的概念是由心理卫生的概念延伸过来的。心理健康通常指一种积极的心理状态，心理卫生则指一切维护心理健康的活动及研究心理健康的学问。世界心理卫生联合会将心理健康定义为身体、智力、情绪十分协调；适应环境，人际关系中彼此谦让；有幸福感；在学习和工作中，能充分发挥自己的能力，过着有效率的生活。

二、心理健康的标准

1. 心理健康的一般标准

正确认识自我、悦纳自我；能与他人合作，有较强的人际交往能力；能恰当控制和管理自己的情绪，使自己基本上能保持积极、乐观的心态；独立自主，学会选择，学会做决定，有较强的社会适应能力；有较强的意志品质，能承受挫折；热爱生活和学习，能在生活和学习中获得幸福感；在学习、工作中发挥自己的潜力，有创新能力；人格完善和谐；智力正常（IQ>80）；心理年龄与生理年龄相符合。

2. 大学生心理健康的标准

能正确认识自我和接纳自我；能保持和谐的人际关系；具有良好的适应能力；具有顽强的意志；具有良好的情绪状态；具有完善和谐的健康人格；心理行为符合年龄特征。

三、影响心理健康的主要因素

总的来说，大学生的心理问题主要由来自社会、学校和家庭的各种压力造成。由于大学生的文化层次较高，社会对其期望、要求也较高，大学生自我关注和人生目标的定位也较高。因此，他们可能面临的心理压力要比一般的社会成员大得多，相应地，压力源也广得多，归纳起来主要有以下四个方面。

1. 社会环境因素

①社会竞争的压力。随着我国社会的变迁，各项改革的深入发展，竞争在人才培养和就业制度上的引进等，高校大学生面临着各种竞争的压力。如在经济转轨、社会转型期，大学毕业生由国家统一分配转向人才市场双向选择，这种就业制度的重大变化，会使大学生"天之骄子"的优越感受到强烈冲击，大学生感到前途渺茫，原有的优越感、美好的理想可能不再存在，这种失落感容易导致大学生产生心理问题。

②信息矛盾引起的认知问题。大学生正值长身体、学知识、学做人的重要时期，正处于世界观、人生观、价值观的形成过程，可塑性强。随着网络信息时代的到来，各方面信息纷繁复杂，良莠共存，而大学生因思想不成熟，缺乏经验，智力支持不足，对信息的加工处理能力不强，理论与现实产生激烈的矛盾或冲突，如果这些矛盾或冲突得不到及时解决，日积月累就会产生心理障碍或问题。

2. 学校环境因素

①生活环境的压力。生活环境变化是促使整个人心理发生变化的基础。从中学到大学，令人感触最深的莫过于换了一个环境，独立地开始过集体生活。它要求大学生既要做到生活自理，又要有奉献精神。由于当代大学生很多是独生子女，往往会因第一次离开父母、家庭而缺乏生活自理能力，过不惯集体生活，孤独寂寞，感到压抑和焦虑。

②学习环境的压力。许多同学进入大学后会突然失去自信，觉得自己一无是处。此外，在大学里，竞争的内容不仅局限于学习成绩，眼界学识、文体特长、社交能力、组织才干等都成了竞争的内容。在这种情况下，大学生很容易因为巨大的心理落差而对自己全盘否定。中学时，大部分学生习惯于老师的详细讲解和具体辅导，自学能力较差，依赖性强。而上了大学，除了从老师的授课中获取知识外，自学占了很重要的位置。自学需要学生不仅要有较强的自学能力、学习自觉性、自主性和自制能力，而且要学会研究性学习，善于发现和提出问题。加之大学的考试方式比较灵活，那些死记硬背、墨守成规、缺乏灵活运用知识能力的大学生往往会遇到较多挫折而感到自卑。

③个人情感的压力。我国大学生正值青年中期，对性的问题比较敏感。他们渴望与异性交朋友，渴望得到异性的友谊甚至爱情。但其生理早熟和心理滞后之间的矛盾往往导致需要爱与理解爱之间的偏差。一方面，大学生生理成熟萌发性意识，产生爱情的欲望，但

道德、纪律和法律又限制着这种欲望，于是在需求与满足之间出现了尖锐的矛盾和冲突，心理失去平衡。另一方面，由于大学生的世界观、人生观正处于形成阶段，尚未树立正确的恋爱观。例如，三角恋、单相思、失恋、胁迫恋爱以及性心理异常等现象出现，这些来自情感的压力，一旦得不到及时而有效的缓解或调适，就可能引起心理失衡，严重的会导致精神疾病。

④人际关系的压力。由于大学校园属人群密集型场所，因此，大学生同样面临着各种复杂的人际关系。一个大学的学生由于来自不同的地域，文化背景、价值观不尽相同，其个性、习惯的差异更显突出，因此，学生之间容易发生人际关系方面的摩擦与冲突，且无力自行妥善解决，造成交往受阻。一些大学生因为缺乏交往技巧和能力，为找不到真正的知己而苦恼，出现不同程度的人际关系焦虑症状。

3. 家庭环境因素

①父母期望值的压力。当今社会，家长们普遍存在望子成龙、望女成凤的心态。为了子女升学，诸如考大学、考研或出国留学等，许多家长煞费苦心，不惜一切代价。这样一种来自父母的强烈期望，既可能成为大学生们勤奋学习的动力，也可能适得其反，成为大学生难以承受的心理负担。

②经济压力。在经济体制转轨时期，城乡差别以及收入悬殊问题在大学生中会表现得相对明显。就高校贫困生而言，尽管谁也不愿贴上"贫困生"的标签，但现实却是，在生活条件方面，从吃穿用度乃至言行举止都与来自大城市的学生有很大差别，他们除了参与学业竞争外，还得承受因高额学费和生活开支带来的经济压力，不少贫困生在学习之余不得不依靠勤工俭学维持学习和生活。因此，他们所承受的心理压力明显超过了其他同学，容易心理不平衡。

4. 自身缺陷因素

有少数大学生因遗传等因素，在长相、身材、高矮、胖瘦等方面有所欠缺；或因患有某种疾病导致身体素质欠佳，在学习和训练的过程中往往感到力不从心；或因自身的个性缺陷，如性格内向、心胸狭窄、孤僻封闭、急躁冲动、固执多疑等。这些因素很容易让大学生产生"我不如人"的心理，久而久之，就会造成严重的心理负荷，其心理承受力也越来越差。

第二节　大学生压力管理与挫折应对

一、压力概述

（一）何为压力

心理学对压力的比较普遍的看法是，个体面对具有威胁性刺激情景时，伴有躯体技能以及心理活动改变的一种身心紧张状态，也称应激状态。

完全没有心理压力的情况是不存在的。换种说法就是，没有压力本身就是一种压力，它的名字叫空虚。无数文学艺术作品描述过这种空虚感，那是一种比死亡更没有生气的状态，一种活着却感觉不到自己活着的巨大悲哀。

为了消除这种空虚感，很多人选择了极端的举措来寻找压力或者刺激，一部分人在寻找的过程中甚至付出了生命的代价。

（二）压力源的分类

压力源又称为应激或紧张源，是指任何能被个体知觉并产生正性或负性压力反应的事件或内外环境的刺激。压力源按照来源分，可分为生物性压力源、精神性压力源、社会环境性压力源和文化性压力源。

1. 生物性压力源

这是一组直接阻碍和破坏个体生存与种族延续的事件，包括躯体创伤或疾病、饥饿、性剥夺、睡眠剥夺、噪声、气温变化等。

2. 精神性压力源

这是一组直接阻碍和破坏个体正常精神需求的内在事件和外在事件，包括错误的认知结构、个体不良经验、道德冲突及长期生活经历造成的不良个性心理特点等。

3. 社会环境性压力源

这是一组直接阻碍和破坏个体社会需求的事件。该压力源可分为两个方面：第一类纯社会性的，如重大社会变革、重要人际关系破裂、家庭长期冲突、战争、被监禁等；第二类是由自身情况（如个人精神障碍、传染病等）造成的人际适应问题，如社会交往不良等。

4. 文化性压力源

文化性压力源是指因文化性迁移导致的压力，通常是从一种语言环境或文化背景进入另一种语言环境或文化环境，使人面临全新的生活环境、陌生的风俗习惯、迥异的生活方式和社交方式，从而产生压力。如果不改变以适应新的环境，则易出现不良的心理反应，甚至变成心理疾病。如出国留学导致的心理疾病就是典型的文化性压力源所致。

（三）压力的好与坏

其实，严格来说，压力本身并没有好坏之分，但如果从身心健康来看，就有好压力跟坏压力的区别了。这是什么意思呢？相同的压力，会因为每个人对压力的看法及处理压力的能力不同，而对健康产生不同影响。压力没有好坏之分，但对应人的态度会将压力分成好压力与坏压力。

（四）压力的身心反应

当面临压力时，人们会产生一系列身体上和心理上的反应。这些反应在一定程度上是机体主动适应环境变化的需要，能唤起和发挥机体的潜能、增强抵御和抗病能力。但是如果反应过于强烈或持久就可能导致生理、心理功能紊乱。压力表现在生理、心理和行为方面的反应主要有以下三种。

1. 压力下的生理反应

个体在压力状态下会出现一系列生理反应，主要表现在自主神经系统、内分泌系统和免疫系统等方面，如心率加快、血压增高、呼吸急促、激素分泌增加、消化道蠕动和分泌减少、出汗等。

2. 压力下的心理反应

压力下的心理反应有警觉、注意力集中、思维敏捷、精神振奋，这是适应的心理反应，有助于个体应付环境。例如，学生考试、运动员参赛，在适度的压力下竞争容易出成绩。但是，过度的压力会带来负面反应，使人出现消极的情绪，如忧虑、焦躁、愤怒、沮丧、悲观失望、抑郁等，会使人思维狭窄、自我评价降低、自信心减弱、注意力分散、记忆力下降、消极被动。心理学研究还表明，过度的压力会影响智力，压力越大，认识效能越差。个体在压力状态下的心理反应存在很大差异，这取决于个体对压力的知觉和解释以及处理压力的能力。

3. 压力下的行为反应

当面临压力时，个体会有各种行为反应，这些反应取决于压力的程度以及个体所处的环境。压力下的行为反应可分为直接反应和间接反应，直接反应指直接面对引起紧张的刺激时为了消除刺激源而做出的反应。例如，路遇歹徒，或与其搏斗或逃避。间接反应指借助一些物质，暂时减轻与压力体验有关的苦恼，如借酒消愁。

一般而言，轻度压力会促发或增强一些正向的行为反应，如寻求他人支持，学习处理压力的技巧。但压力过大、过久，会引发不良适应的行为反应，如谈话结巴、刻板动作、过度饮食、攻击行为、失眠等。

（五）压力与身心疾病

心理学研究发现，所有疾病中，一半以上与压力有关。压力导致身心失调，进而引发疾病。与压力有关的疾病最常发生在神经系统、呼吸、心肺和内脏4个身体系统上，压力因素占有很高比例的疾病包括高血压、胃溃疡、偏头痛、肥胖、哮喘、癌症等。

身心疾病是指心理社会因素在疾病发生、发展、变化过程中的主导作用，并具有明显的生理结构和功能障碍的一类躯体疾病。压力引发的持续紧张状态常常是致病的主要原因。

（六）影响压力的因素

不同的人压力感有很大的差异，可归结为以下五个方面。

①经验：经验丰富能增强抵抗压力的能力。

②准备状态：是否有心理准备接受压力。

③认知：对问题的不同看法。

④性格：A型性格。

⑤环境：家庭环境、工作环境、社会环境。

（七）处理压力的方法

所谓处理压力，是指当压力对我们造成伤害时用一些方法和技巧去应对，以减少压力带来的消极影响。

1. 不良的应对方法

应避免不良的应对方法，包括依赖药物、酗酒、抽烟。

2. 两类应对策略

应对策略包括处理困扰与减轻不适感。处理困扰是指直接改变压力来源；减轻不适感是指不直接解决问题，而是调节自己，消解不良反应，正确的应对方法有放松训练，如想象放松、渐进式放松等。

二、挫折概述

（一）何为挫折

挫折是指人们在有目的的活动中遇到无法克服或自以为无法克服的困难使其需要不能得到满足或目标不能实现时产生的消极反应。挫折对人的意志品质是严峻的考验。挫折这一概念包括挫折情境、挫折认知和挫折反应三个方面。

①挫折情境，即导致需要不能满足、引起挫折的事件或情境，如失恋、考试不及格、被同学误解等。

②挫折认知，即对挫折情境的知觉、评价和解释。

③挫折反应，即对困难和障碍所产生的情绪和行为反应，如焦虑、紧张、攻击等。

以上三个方面中，挫折认知最为重要。同样的挫折情境，不同认知会引起不同体验和反应。

（二）挫折的分类

根据挫折的性质，可将挫折分为以下四种。

①需要挫折，是指各种原因造成个体的需要无法得以满足时的挫折。该挫折包括两种情况：一是多种需要并存，发生矛盾，难以妥善解决；二是个体自认为自己的合理需要被外界条件阻碍不能得到满足。

②行为挫折，是指在需要与动机冲突解决之后，在一定动机的支配下，个体有了行为意向，却因一些因素无法付诸实际行动。

③目标挫折，是指个体已经开始行动，但在行动过程中由于遇到无法克服的干扰和障碍而不能达到目标。

④丧失挫折，是指个体自认为本来应是自己的东西却在一定条件下丧失了。

前三种挫折都是个体自认为应该得到或做到却未得到、做到而受挫；丧失挫折则是个体已经得到的自认为不应该丢掉的却丢掉了而受挫。

（三）挫折的防御机制

1. **积极的心理防御机制**

①升华，是指把被压抑的、不符合社会要求的原始冲动和欲望用符合社会要求的、建设性的方式表达出来的一种心理防卫术。升华使原来的动机冲突得到宣泄，消除焦虑情绪，保持心理安宁与平衡，还能满足个人创作与成就的需要。

②补偿，是指个体试图用种种方法来弥补生理或心理缺陷而产生的不适感，从而减轻不良反应的一种心理防卫术。

③仿同，是指在遇到挫折而感到痛苦时效仿他人获得成功的经验和办法，使自己的思想、信仰、目标和言行更加适应环境的要求，从而在主观上增强自己获得成功的信念。

④幽默。当一个人处境困难或陷入尴尬境地时可以使用幽默来化解，渡过难关，或者通过幽默间接表达潜意识意图。幽默是一种高尚成熟的心理防御机制。

2. **消极的心理防御机制**

①合理化，是指个人遭受挫折或无法达到所追求的目标以及行为表现不符合社会规范时，用有利于自己的理由来为自己辩解，从而使自己解脱的一种心理防卫术。这是一种以似是而非的理由证明行动的正确性、掩饰个人的错误或失败以保持内心安宁的方法。

②否定，就是一种否定事实、将已经发生的令人不愉快的或痛苦的事情完全忘掉以减轻心理痛苦的一种方法。否定是最原始、最简单的心理防卫术。这种方法可以将个体从难以自拔的情绪中解脱出来，避免由此引发的内心焦虑。

③歪曲，就是把外界事实加以曲解、变化，以符合自己内心世界的需要。歪曲表现的精神病现象以妄想和幻想最为常见。将事实曲解并深信不疑或与事实脱节、严重歪曲现实。

④反向，就是采取一种与意愿相反的态度或行为的心理防卫术。人有许多原始的冲动和愿望，由于是自己、社会所不能允许的，常常被压抑到潜意识中。在生活中，我们能看到一种矫枉过正的现象就是比较典型的反向表现：有的人内心很自卑，却总是以自高自大、傲慢不羁来掩饰；有的人本来很想与某一异性交往，但是担心遭到拒绝，于是就表现为对该异性不屑一顾。

⑤投射，就是把自己的过错归咎于他人以减轻自己的内疚，或者是把自己所具有的不

讨人喜欢的性格、态度转嫁到他人身上，以掩饰自己那些不受欢迎的特征的一种心理防卫术。

⑥退化，是回到原先幼稚行为的一种心理防卫术。我们知道，随着年龄的增长，一个人的人格是以循序渐进的方式走向成熟的。但有时在遇到挫折后，会放弃比较成熟的应用技巧而恢复到原先比较幼稚的方式去应付困难或以此来满足自己的欲望，这就是退化。

⑦幻想，是指一个人遇到现实困难时，因无法处理而利用幻想的方法使自己得到心理的满足。幻想可以使人暂时脱离现实，有缓解挫折感的作用。对弱小的孩子来说，以幻想的方式处理心理问题是正常的。但如果常常用这种方式来处理实际问题就是一种病态了。

3. 妥协的心理防御机制

①压抑，是指把不能被意识接受的念头、感情和冲动不知不觉地抑制到潜意识中，不愿提它、想它，不承认其存在，它是各种心理防卫术中最基本的方法。压抑也有二重性：从积极的方面讲，它能帮人们控制足以引发罪恶感受的冲动或与道德理论相违背的念头；从消极的方面讲，它是一种逃避行为，并不能从根本上解决问题，会影响人的身心健康。

②隔离，就是将部分事实从意识境界中加以隔离不让自己意识到，以避免引起精神上的不愉快。隔离作用在现实生活中随处可见，是一种有效的心理防卫术。

③抵消，是指以象征性的事物来抵消已经发生的不愉快的事情以补救心理上的不舒服感的一种心理防卫术。健康的人常使用此法来缓解其罪恶感、内疚感和维持良好的人际关系。

④攻击，有直接攻击和间接攻击两类。直接攻击就是挫折发生后，对引起挫折的人或事物进行直接攻击，或怒目而视，或动手打斗；间接攻击指将愤怒情绪迁移至其他人或事物，找"替罪羊""出气筒"。攻击行为虽然可以使因挫折引起的激愤得到暂时的舒缓，但其结果可能危害自己或他人的安全，因此对个体的攻击行为要加以控制和引导。

三、有效应对压力与挫折

（一）正确认识压力和挫折

英国劳埃德保险公司曾从拍卖市场买下一艘船，这艘船 1894 年下水，在大西洋上曾遭遇冰山 138 次，触礁 116 次，起火 13 次，被风暴扭断桅杆 207 次，然而它从未沉没过。

当你面对压力和挫折

你改变不了环境，但你可以改变自己；

你改变不了事实，但你可以改变态度；

你改变不了过去，但你可以改变现在；

你不能控制他人，但你可以掌控自己；

你不能预知明天，但你可以把握今天；

你不能样样顺利，但你可以事事尽力！

（二）学会应对压力与挫折的技巧

应对压力与挫折的技巧，主要包括正确归因法、自我暗示法、目标调整法、社会求助法等。

1. 正确归因法

个体依照主观感受或经验对自己或他人行为及其结果发生的原因予以解释与推测的心理活动过程。

2. 自我暗示法

告诉自己："我是最棒的！""相信自己，我能行！""不经历风雨，怎么见彩虹！"

3. 目标调整法

设定切实可行的目标，找到适合的方向，分解目标，一步一步达成愿望。

4. 社会求助法

构筑社会支持系统，寻找可以帮助自己度过困境的资源。

（三）提升抗压力和挫折承受力

提升抗压力和挫折承受力主要包括以下六个方面。

①保持积极乐观的心态。

②保持适中的自我期望水平。

③学会分析压力和挫折。

④积极投身实践活动。

⑤锻炼意志，学会坚持。

⑥探索提升抗压力和挫折承受力的有效方式。

第三节 大学生的情绪管理

一、大学生常见的情绪特点与情绪困扰表现

（一）青少年常见的情绪特点

大学生正处于青年中期阶段，是情绪成熟和发展的重要阶段。总体来讲，这一阶段的大学生的情绪主要有以下特征。

1. 情绪的敏感性

大学生正逐渐走向社会、走向独立自主，对新事物也有很强的好奇心和求知欲，对外部事物不仅有很强的接受能力，而且特别敏感，他们会因为很小的事情引起情绪变化，对外部刺激的反应比较敏锐，情绪变换比较频繁，也就是对情绪反应比较敏感。另外，社会上的新鲜事物层出不穷，而大学生对这些新鲜事物又特别感兴趣，这就很容易触动大学生敏感的神经，使大学生的情绪变化随着这些敏感事物的出现而变得相当敏感。

2. 情绪的冲动性

大学生有着丰富、强烈而复杂的感情世界，情绪体验强烈，喜怒哀乐常常一触即发，表现出热情奔放的特点。心理学家常用"疾风暴雨"来形容这一激情性的情绪特征，其原因主要有以下几个方面。

首先，大学生思想尚未成熟，虽然已逐步走向社会，但相对成年人而言还显得很幼稚。其次，大学生接触社会的机会相对较少，特别是深入接触社会的机会不多，思维不够严密，做事比较冲动。再次，大学生的思想负担较轻，没有很重的包袱，有的大学生不计后果，喜欢率性而为，这也很容易引发情绪的冲动性。最后，有的大学生社会责任感不强，没有明确自己的责任，容易鲁莽行事。

3. 情绪的起伏性

大学生思维活跃、富于激情、好动、喜欢刺激，在日常生活中追求活力，一旦得到满足，就很容易被激动，而一旦得不到满足，又很容易感到失落。这就导致他们的情绪落差比较大，情绪起伏不定。

4. 情绪的多变性

大学生的情绪表现既有激动、开心、乐观等积极情绪，也有郁闷、不满、恐慌等消极情绪。在日常生活和学习中，大学生的情绪也随着各种各样的人、事物而时刻变化着，停留在同一种情绪状态的持续时间一般比较短，也就是大学生的情绪变化频率比较快。另外，大学生丰富的情感世界、情绪的复杂多样以及对外部事物的敏感性也决定了大学生情绪的不确定性，这使得大学生的情绪处于多变状态。

（二）大学生常见的情绪困扰表现

情绪困扰是一种心理状态，是个体由于受到外界事物、事件等客观环境的影响或个体内部发生矛盾、冲突而又无法及时有效解决而产生的一种负性的、消极的情绪体验。大学生正处在人生成长的"拔节孕穗期"，心理问题主要由学业、工作就业、人际关系、恋爱等引发，大学生更容易产生持久的消极情绪。其主要表现形式有以下七大类。

1. 抑郁

抑郁是一种因自己无力应付外部压力而产生的持续稳定的、比较复杂的消极情绪体验，最明显的症状是心情的压抑，主要表现为情绪低落、思维迟缓、精力丧失、缺乏兴趣和活力、自我评价低、不愿参加集体活动、不愿意与人交往。因此，生活能力变差，学习效率下降。一般而言，性格内向、敏感多疑、不爱交际的大学生容易产生抑郁情绪。如遭遇失恋、成绩较差的大学生容易产生抑郁情绪。抑郁的表现因人而异，有的人从外表上看不出明显抑郁，甚至完全难以察觉。大学生中，因大学生活不适应、学习压力大、人际关系紧张、失恋产生的抑郁情绪较为常见。如果长时间处于抑郁的情绪状态，不能及时调整，严重者可能自我封闭，产生抑郁症，更严重者还会自杀。

2. 焦虑

焦虑指由于担心不能达到预期目标或达到期望值而产生担忧的情绪体验。当预感到自己在学习和生活上无法平衡时，大学生就会产生焦虑。焦虑对大学生的影响是双重的，适度的焦虑是每个人适应环境的自然反应，在一定程度上对人的身心健康也是有好处的。但过度的焦虑会起阻碍作用，严重影响大学生的学习与生活。经常处于紧张状态，会导致失眠、胃肠不适、厌食等不良反应。大学生最常见的是考试焦虑，这种焦虑情绪会影响考试过程正常进行，导致成绩大打折扣。

3. 恐惧

恐惧指个体企图摆脱、逃避某种情境而又无能为力的一种情绪体验。其产生的原因是正常生理活动遇到阻碍或威胁而产生并伴随着逃避愿望的情绪反应。恐惧反应的特点是对发生的威胁表现出高度警觉。如果威胁继续存在，个体的活动减少，目光凝视含有危险的事物。随着危险不断增加，可发展为难以控制的惊慌状态，严重者出现激动不安、哭、笑、思维和行为失去控制，甚至休克。

恐惧症是恐惧的一种病态形式，是以恐惧症状为主要表现的神经症。当个体对某些事物（如黑暗、灯光、小动物等）体验到一种极度的、非理性的害怕，所产生的恐惧与现实刺激的危险性不协调。相对于通常意义的"害怕"，恐惧症可以认为是一种过敏反应——对恐惧过敏。主要指接触特定的场合、特定的人、特定的事物时，表现出极力回避所害怕的处境和强烈的紧张体验，其强烈程度与引发恐惧体验的情境很不相称。也就是说，在大多数人并不觉得恐惧的情况下暴露出过分的、令人难以理解的恐惧性反应。因为个体也知道这种害怕是过分的、不合理的，却无力防止恐惧发作，所以恐惧症常带有明显的强迫性。

4. 愤怒

愤怒指当客观事物与我们的主观愿望相悖时习惯使用的一种情绪反应。愤怒在程度上有不满、气恼、愤怒、暴怒、狂怒等。人们产生愤怒情绪时，心跳加快、心律失常、自制力减弱，极易产生冲动行为。大学生的精力比较旺盛，在遇到不顺心的事情或因为一些鸡毛蒜皮的小事发生口角时，往往难以控制情绪而容易发怒。有的大学生以自我为中心，对他人缺少宽容，别人稍微使自己不满意，就表现出愤怒，恶语相向，有的甚至大打出手，这种不加控制的愤怒情绪，严重影响人际关系。

5. 忌妒

忌妒指由于看到别人的成功或别人胜过自己而抵触和内心难受的一种消极的情绪体验，是自尊心的一种异常表现，是看到他人超过自己而感受到不安全的一种异常心理反应。一般而言，每个人或多或少都有忌妒心理，但是这种心理只要不表现出来，不影响自己的行为和人际关系就是无可厚非的。但是忌妒心太强，对人的心理健康极为不利，不仅破坏人际关系和谐，还会造成个人内心的痛苦，而且忌妒很容易引发报复行为，很多攻击性较强的忌妒者，会把忌妒对象作为发泄的目标，诋毁对方名声，破坏对方财物，减少对方在比较中的优势和优越感。大学生中常见的忌妒心理就是攀比心理，当别人有的东西自己没有时，自己就会产生一种心理不平衡和相对剥夺感。

6. 自卑

自卑指个体对自己的能力、品质做出偏低的评价，总觉得自己不如人，悲观失望，丧失信心等，是一种消极的心理状态。一般情况下，自卑心理的状态为轻视自己、抬高别人或自负。轻视自己、抬高别人的心理过程会表现在学习、生活、工作和人际交往的过程中，可以说，自卑心理不仅对自己造成了心理伤害，更有可能影响他人对自己的评价。一个自卑的人其实自身并不缺少某些优势，如能力、外貌、家庭条件等。但是，由于自卑心理，非常容易把自己陷入与这种对比的痛苦之中。很多自卑的人并不是没有某些特质，而是处于自卑的怪圈中无法正确地认清自身优势无法正确看待自身价值，更有人盲目地将各种条件与有差距的人相比。在这种比较下，自卑心理逐渐转化为焦虑、抑郁甚至仇视等。如果长期陷入自卑心理，很容易形成过度内向的人际交往障碍。

7. 冷漠

冷漠指个体对外界的事物及外界发生的事情没有相应的反应，对任何事情都漠不关心，压抑自己内心的情绪和情感。大学生如果长时间对事物保持冷漠，内心的负能量无法得到释放，超过一定限度，就会导致其心理失衡，损害心理健康。处于冷漠情绪的大学生，在行为上常表现为对生活没有热情和兴趣，对学习漠然置之，对周围的同学冷漠无情，对集体生活漠不关心。

二、情绪管理

（一）情绪管理的步骤

1. 觉察情绪

情绪管理的第一步就是体察自己的情绪，比如在消极情绪产生的时候问："我怎么了？我现在是什么情绪？我的身体有什么反应？"情绪通常会给身体带来相应的感觉。如愤怒时，脸可能是发烫的，心跳加剧；恐惧时，身体则可能是紧缩的；而喜悦时，身体变得舒展。当觉察到自己情绪时，我们对各种不同情绪加以命名，如悲伤、愤怒、恐惧、羞愧等。

我们可以采用以下活动体验觉察情绪。你现在的情绪是什么？我们可以微微闭上眼睛，觉察我们的情绪：我感觉到胸口闷闷的，好像有一块大石头压着，压力很大；我觉得我的手在发抖，很焦虑；我感到很放松，很愉悦；等等。

2. 接纳情绪

每种情绪的产生都有其原因，我们表现出来的情绪应该与所遇到的事件呈现一致性。如果在消极情绪发生时，我们一味地去抗拒、压抑的话，只会使情绪堆积起来，影响身心健康和人际关系。所以在消极情绪发生时，要悦纳情绪，允许情绪发生。很多时候，人的烦恼不是来自情绪本身，而是对情绪抵触。因此，该伤心的时候伤心，该痛苦的时候痛苦，这是合理宣泄和疏解。如果内心感受到这些情绪并真实诚恳地描述出来、接纳它，这本身就是一种疏导和缓解。同时，也让我们升起新的力量，找到改善情绪的方法。

3. 恰当地表达情绪

情绪并无好坏之分，只是症状而已，任何情绪都有功能，关键是表达要适时、适当和适度。例如，你因为朋友约会迟到而很生气，你之所以生气可能因为他让你担心。在这种情况下，你可以婉转地说："你过了约定的时间还没到，我好担心你在路上发生意外。"试着把"我好担心"传达给他，让他了解他迟到会带给你什么感受。

如何"适当表达"情绪，是一门艺术，需要用心体会、揣摩，更重要的是，要正确运用于生活中。

4. 合理地疏导情绪

情绪可以积累，也可以经疏导而加速其消散，所谓合理疏导情绪，是指在适当的场合采取适当的方法排解心中的不良情绪。疏导情绪的目的是给自己一个厘清想法的机会，让自己好过一点，也让自己更有能量面对未来。如果疏导情绪的方式只是暂时逃避痛苦，以后需承受更多痛苦，这便不是一个合适的方式。有了不舒服的感觉，要勇敢地面对。仔细想想，为什么这么难过、生气？怎么做将来才不会重蹈覆辙？怎么做可以降低不愉快？这么做会不会带来更大伤害？根据这几个角度去选择适合自己且能有效疏导情绪的方式，这样就能控制情绪，而不是被情绪控制。

（二）情绪管理的方法

1. 注意力转移法

注意力转移法，就是把注意力从引起不良情绪反应的刺激情境，转移到其他事物上去或从事其他活动的自我调节方法。当情绪不佳的情况出现时，要把注意力转移到自己感兴趣的事上，如看电影、看电视、读书、下棋、找朋友聊天等，这样做有助于使情绪平静下来，在活动中寻找到新的快乐。

还可以通过改变环境来转移注意力。当情绪不理想时，到室外走一走，到风景优美的环境中玩一玩，人会精神振奋，忘却烦恼。把自己困在屋里，不仅不利于消除不良情绪，而且可能加重不良情绪的危害。

2. 意志控制法

控制情绪就是要做到"喜怒有常"和"喜怒有度"。喜不能得意忘形；怒不可暴跳如雷；哀不能悲痛欲绝；惧不能惊慌失措。

比如，要发怒的时候，可以这样暗示自己："别做蠢事，发怒是无能的表现。发怒既伤自己，又伤别人，还于事无补。"

3. 适度宣泄法

合理发泄情绪指在适当的场合用适当的方式来排解心中的不良情绪，发泄可以防止不良情绪对人体的危害。当情绪低落时，一个人往往不爱动，越不动注意力就越不容易转移，情绪就越低落，容易形成恶性循环。因此，可以通过跑步、打球等体育活动改变不良情绪。发泄的方法不同于放纵自己的感情，不同于任性和胡闹。如果不分时间、场合、地点随意发泄，不仅不会调控好不良的情绪，还会造成不良的后果。

4. 自我安慰法

当遇到不幸或挫折时，为了避免精神上的痛苦或不安，可以找出一种合乎内心需要的理由来说明或辩解。如为失败找一个冠冕堂皇的理由来安慰自己，或寻找理由强调自己所有的东西都是好的，以此冲淡内心的不安与痛苦。这种方法，对帮助人们在大的挫折面前接受现实、保护自己、避免精神崩溃是很有益处的。因此，当人们遇到情绪问题时，经常用"胜败乃兵家常事""塞翁失马，焉知非福""坏事变好事"等词语来自我安慰，可以摆脱烦恼，缓解矛盾冲突，消除焦虑、抑郁和失望，达到自我激励、总结经验、吸取教训的目的，有助于保持情绪安宁和稳定。

第四章 大学生生涯自我管理

第一节 学业生涯自我管理

一、了解大学生活，明确大学任务

（一）大学的学习生活

1. 大学学习的特点和变化

大学学习的特点与中学学习相比已发生了明显的变化。大学学习是在教师的指导下，有目的、有计划、有组织、有系统地进行的，是在较短的时间内接受前人所积累的文化科学知识，以此充实自己的过程。大学学习有其独有的特点。

（1）专业性

大学学习以某一专业为主，通过系统的专业学习，大学生不仅要熟练掌握一门专业知识，而且要具有能较好利用该专业知识来解决本专业领域内实际问题的能力，专业性强是大学学习的首要特点。由于各种因素的影响，社会对大学所设置的专业偏好不同，评价不一。但学校里所开设的专业都是社会发展必不可少的，每个从事与自己就读专业相关工作的大学生都会有一片天地，都可以取得成绩。因此，大学生要理性思考自己所学的专业，坚定专业方向，调动自己的学习热情，树立积极正确的专业学习思想，避免出现认识上的误区。

（2）广泛性

随着社会化大生产和社会分工的发展，尤其是随着知识信息时代的发展，仅有专一的知识是不能完全适应社会发展需要的。一专多能、全面发展是时代对大学生的要求。因此，大学生除了要精通一门专业知识，还必须广泛涉猎有利于自身学习的相关知识，掌握科学的学习方法，培养自主学习和独立思考问题、分析问题、解决问题的能力，这是大学阶段学习的重要特点。

（3）互促性

大学学习，可以根据共同的理解、兴趣、爱好和追求，与其他同学形成一个个小的学习团体或伙伴关系，通过讨论、交流等形式，交换学习体会和心得，在思想碰撞中找到知识启发和学习灵感，达到相互激励、相互促进的目的。

（4）自主性

实行学分制的大学，除公共科目、学科基础课和专业课属于必修课之外，各专业都开设了选修课。大学生可根据个人情况选择相关课程，也可根据个人兴趣爱好和能力选择第二专业进行学习。大学自由支配的学习时间较中学有所增多，学习的自主性也大大加强。大学生应当自主地安排自己的学习时间、制订自己的学习计划、选择学习内容、寻找适合自己的学习方法。

根据以上学习特点，大学生应相应调整自己的学习方法和学习态度。学习方法由"学什么"转变到"怎么学"，学习态度由"要我学"转到"我要学"，因此，培养自学能力和终身学习的意识就成为关键。

2. 大学生活的特点和变化

大学生活是一个全新的天地，较中学而言在很多方面都发生了改变。大学生活也是一个从学校到社会的过渡期。这个过程是自由的，是充满矛盾和酸楚的，是人生发展的必经阶段，也是悦纳自我的必然过程。如何尽早把握大学生活的规律，是大学生应该着手解决的问题。

①大学新生陡然从一个"熟人型"社会进入"陌生人"社会，人际交往由"一元化"向"多元化"转变。来自五湖四海、四面八方的同学组成一个学院、一个班级、一个宿舍，兴趣爱好、生活习惯可能存在差异，互相理解和关心成为一种需要。

②日常生活由父母"包办"的家庭生活变为独立自主的集体生活。大部分学生读大学都需要离开父母独立生活，许多学生还远离家乡，因此大学生就必须独立支配自己的生活，比如衣、食、住、行、经济开支等都由自己自行安排、独立处理。

（二）适应大学学习生活

大学生可以通过以下几方面的努力，尽早适应、尽快融入大学生活。

1. 升华理想，确定新的奋斗目标

适应环境最根本的因素是要有明确的奋斗目标。进入大学后，专业方向已定，可以把美好的理想与所学专业结合起来，从社会理想的高度来认识上大学的意义，增强社会责任感和历史责任感，把社会需要与自身条件相结合，确立新的奋斗目标。

2. 摸索适应大学学习的方法

对大学学习的不适应最易产生情绪波动与自我评价偏差。刚入学，要正确认识大学学习的特点，逐步摸索与自己水平、基础相适应的学习方法，注重自学能力的培养，学会管理和支配时间，学会应用工具书和利用图书馆等条件培养自学能力。

3. 尽快提高生活自理能力，养成科学的生活习惯

上大学后，应该摆脱过去的依赖心理，在辅导员、班主任的指导下自觉主动地参与集体生活，学会照顾自己。按时作息，养成科学的生活习惯，不要因为卧谈或者上网玩游戏而熬夜，影响第二天的学习。计算机是一种学习的工具，控制好自己使用计算机的时间而不要让它来控制你。

4. 学习掌握人际沟通技巧

与来自祖国各地，性格、家庭背景、风俗习惯各异的同学交往，难免会有矛盾，需要大学生把握交往机会，学习沟通技巧，采取积极主动的方式与他人交往，并能做到用宽容的心态去接纳别人，用赞赏的眼光去学习别人的长处。

二、了解专业特色，构建学业自信

（一）了解专业

1. 专业的含义

专业是学科和职业之间的桥梁，它按照学科进行划分，对应着一定的职业群。专业也是职业发展的基础，它为若干相近的职业群提供必要的基础知识和基本技能。

2. 专业的分类

从专业选择与转换角度看，可将专业分为三大类。

①理工类专业：主要包括实用技术类、公安学类、职业技术教育类、数学类、物理类、化学类、生物学类、天文学类、地质学类等几十类专业。

②文史类专业：主要包括哲学类、法学类、马克思主义理论类、社会学、政治学、教

育类、中国语言文学类、历史学类、图书档案学类等。

③文理兼收类专业：主要包括经济学类、体育学类、外国语言文学类、艺术类、中医学类、药学类、管理科学与工程类、工商管理类、公共管理类、新闻传播学类等。

（二）专业学习的价值

大学阶段的专业教育并不说明大学教育已经进入专才教育阶段，在大多数情况下还应属于通才教育。学生有必要接触各个学科领域，包括自然科学、社会科学、人文科学等，成为一个有着全方位知识体系的人，从职业生涯规划的角度来说，就是在当今社会上最受青睐的"复合型人才"。专业不能给我们提供任何进入某个行业或者从事某个职业的保证，却可以为我们打开一扇通往某个职业目标的大门。

（三）专业与职业的关系

高职高专的专业设置与培养方案是以服务产业为目标，以某个产业链应用型人才需求状况的结构分析为基础，以岗位胜任素质与能力为核心构建而成的。所以，高职高专的专业教育具有极强的针对性和实用性。对高职高专的大学生而言，所学习的专业基础理论、专业岗位群所必需的专业技能，是未来就业的核心竞争力。一般来说，高职高专的专业与所从事的职业或工作岗位具有很高的匹配性，或者说专业对口率很高。

1. 一对一的关系

这种情况最为简单。一个专业方向对应一个职业目标，这种情况一般存在于中职学校或高职学院，培养目标相对单一明确。此类职业的技术含量相对比较高，也比较单一。这类专业和职业一般都适合于专业技术人员。比如数控机床专业适合企业中数控机床的操作与维护人员，社会体育专业学生毕业后最适合的是从事健身技能指导，最后发展成为高级私人健身教练技师。

2. 一对多的关系

这类专业一般都存在于普通高校中，人们常说的宽口径、厚基础就是指这类专业。一个专业可以对应一个职业群，职业群一般由基本操作技能相通，工作内容、社会作用以及从业者所应该具备的素质接近的若干个职位所构成。职业群横向划分，是相同的职业存在于不同的产业或行业之中，如人力资源专业所对应的职业群广泛分布于国民经济的各个产业和行业之中。纵向划分，是同一职业存在于同一行业若干个不同的岗位及其可能晋升的职务上。例如人力资源专业的职业发展路线为：人力资源助理→人力资源专员→人力资源主管→人力资源经理→人力资源总监。

3. 多对一的关系

这是指多种专业都可以发展到某一种职业的形式。这类职业一般属于管理型人格的职业，比如高校教师、科研人员、新闻记者、编辑人员、营销主管、企业管理人员等。对某一职业，比如新闻记者，可以接收经济学、新闻、中文、哲学、历史等许多专业的学生。

（四）探索专业与个人发展方向

1. 探索专业特色

首先，要清楚所修专业属于哪一学科门类和哪一个一级学科类别。要对一级学科的基本特色有所了解，对其相近学科和本学科的前沿知识和发展动向有所了解。在对学科的内涵及其生存发展的广度和深度进行了解的基础上，有效把握所学专业在学科中的位置和生存发展空间。

其次，从专业特色的角度，探索专业对应行业的特殊领域，以及专业特色对应岗位的特殊专业知识与专业技能。掌握了专业特色，就把握了人才需求的核心。

2. 探索专业人才的培养目标

不同高校同一专业的人才培养目标会有所不同。通常，各院校会根据自身的学术水平、社会影响、社会需求等对毕业生有一个基本定位，专业人才培养目标都是根据这个定位来确定的。

首先要明确本专业是为谁培养毕业生，也就是明确本专业人才对口的主要行业领域；其次要明确本专业所培养的是哪种类型的人才，是基础理论型还是应用推广型，是单一型还是复合型等。

了解培养目标时，可结合学校的办学层次和学历层次，对应探索未来可以选择的用人单位及起点岗位，为职业规划做好准备。

三、厘定发展方向，规划学业路径

（一）学业生涯规划：大学的第一堂必修课

学业规划是做好职业生涯设计的前提和基础，同时也是它的组成部分，制定并实行良好的学业规划可以更好地迎接社会的挑战。

1. 有助于发掘自我，促成自我发展

一份有效的学业规划设计，包括自身条件和现实问题两方面，因此它能引导大学生认识自身的个性特征、现有的和某些潜在的资源优势，帮助他们重新认识自身的价值并使其持续增值，引导他们对自身的长处和短处以及综合素质进行对比分析，引导他们弄清个人目标与现状之间的距离，引导他们学会如何应用科学有效的方法，采取切实可行的步骤，不断增强自己的专业竞争力，从而实现自己最初的梦想。

因此，大学生都应该是自己人生、学习、事业的规划者和耕耘者，设计自己的发展蓝图，为实现自身价值准备、创造、抓住机会，从而使自己成功的可能性更大，效果更好。

2. 有助于促使大学生集中精力、提高热情，增强大学生的主动性

如果大学生没有自己的学业规划，他的时间、精力就会处于荒废和散乱之中，很容易进入与学业无关的琐事，虚度美好光阴；相反，拥有自己学业规划的大学生能合理调节自己的日常学习，自己做的每一点都是实现未来目标的一部分。学业规划使大学生心中的理想具体化、更容易实现，对学业的顺利完成做到心中有数、热情高涨，也使他们心中的学习意识发生转变，从"要我学"变为"我要学"，变被动为主动，增强大学生的学习主动性。

3. 有助于大学生的自我定位，尽早地明确自我人生目标

学业规划的前提是认识自我，只有认识自我、了解自我，才能有针对性地明确学业方向，而不盲目化。认识自我是对自我深层次的解剖，了解自己能力的大小，明确自己的优势和劣势，根据过去的经验、经历，选择未来可能的工作方向，从而解决"我想干什么"和"我能干什么"的问题。自我定位是学业规划乃至人生规划和行动得以成功的基本依据，正所谓"知己知彼，百战不殆"。

（二）以"就业"为目标的学业规划

就业，即大学生毕业后直接选择求职择业，走入社会。毕业生通过学校推荐，参加各种"供需见面会"，双向选择，签订就业协议后就业，这是目前大多数毕业生的选择。

大学的目标与意义在于成长成才。通过大学的历练，根据自身条件和社会需要选择未来的职业及人生发展道路，进行人生规划与设计，是大学生成才的必由之路。

1. 管理好自己

就业成功的关键在于竞争力。竞争力是大学生职业生涯中参与职业活动所必需的、最

基本的能力。竞争力必须具有普遍的适用性和广泛的可迁移性，其影响辐射到行业通用技能领域和专业特定技能领域，对大学生的终身发展和终身成就影响深远。以就业为导向的学业规划，提高自身的综合素质是关键，这就要求大学生必须正确认识自己，并根据社会需要来调整自己的知识结构和综合素质，在校期间不单要学好科学文化知识，同时还应努力提高自身的竞争力，为顺利就业创造条件。

首先，认知上，学习知识的同时学会如何学习、如何认真把握学习的方向、如何利用学校教育来开发自己的潜能，增强解决问题的能力。

其次，学习上，学会安排自己的时间。大学中，很多时间都是学生自主安排的，要学会统筹规划，把学习、做作业、锻炼身体、娱乐及休息时间安排好。

再次，生活上，学会共同生活。大学生活既是集体的生活，也是独立的生活，必须树立正确的生活观念，有序生活，有益娱乐，有度交往，怀着宽容和理解的心去处理生活中的各种小摩擦、小矛盾。

最后，思想上，要注意全面发展，即身心、智力、责任感、精神、价值观念等方面的协调发展，学会掌握自己命运所需的基本能力，即思考、判断、想象、表达、情绪控制和社会交往等方面的能力，不断提升自身综合素质，获得未来职业发展的通行证。

2. 设计就业之路

大学几年的学业规划，仿佛是一个不断攀爬"金字塔"的过程，不同年级都有阶段性的目标与任务。大学生要在学习的不同阶段，针对学业能力及职业生涯发展阶段的特征，进行针对性的规划，打好基础。

大一阶段，适应大学生活，树立规划意识。完成从中学生到大学生的角色转变；虚心请教师兄师姐，积极参加集体活动，建立新的人际关系圈；熟读学生手册，关注辅修专业和第二学位的申请条件，保证较好的学习成绩。

大二阶段，确定主攻方向，培养综合素质。虚心请教师长和校友，根据自己的发展意愿选定主攻方向；建立合理的知识结构，注重专业能力的培养，参加英语、计算机等工具性证书的考试；可以根据自己的兴趣爱好加入学生会或社团工作，培养自己的组织协调能力和团队合作精神，提升自己的综合素质。

大三阶段，提升求职技能，做好就业准备。加强专业知识学习的同时，取得与职业目标相关的职业资格证书；增强兼职、实习的职业针对性，积累对应聘有利的实践经验；扩大校内外交际圈，加强与校友、职场人士的交往，提前参加校园招聘会，与用人单位招聘人员进行沟通；学习求职技巧，学会制作简历、求职信，了解面试技巧和职场礼仪。

毕业阶段，充分掌握资讯，实现毕业目标。留意学校就业中心通知和其他重要的招聘渠道，不要遗漏关键的招聘信息；登录招聘单位网站或通过咨询、访谈等方式，了解招聘单位的相关信息，为面试做好准备；选择实用性高的毕业设计（论文）借机证明自己的应用研究能力。

第二节　职业生涯决策管理

一、了解决策理论，掌握决策方法

（一）丁克里奇的生涯决策风格理论

决策风格是影响决策效果与决策效率的一个重要因素。职业生涯决策的风格归结为8类。

①冲动型：冲动型的典型想法是"先找一份工作干着，合不合适以后再说"，对选择非常盲目，只要抓住一个选择就不会考虑其他的选择。这种决策方式非常不明智，会错过很多更好的选择。

②宿命型：宿命论者认为所有的东西都是命中注定，人做的一切努力都是徒劳的，他们将生涯决策交给命运，不能以积极阳光的态度面对人生，这样的人容易成为环境的"受害者"。

③顺从型：缺乏独立性，在做决策时不考虑自身的实际情况，而是顺从别人的计划，相信"别人都认为是好的，那一定错不了"。这种从众的想法虽然能给自己一些所谓的"安全感"，但是顺从别人计划做出的决策往往并不适合自己。

④延迟型：就是常说的"拖延症"，把问题往后拖延，比如"我先准备一下公务员考试再找工作"。延迟型的人总是把该解决的问题拖到最后一刻做，幻想着过段时间问题会自动解决。

⑤烦恼型：遇事不果断，决策时要收集海量的信息，不仅没有找到决策的依据，反而陷入信息洪流，对不同的信息反复比较，左右权衡，典型的状态是"我还是拿不定主意"。

⑥直觉型：做决策时过度依赖自己的直觉，决策缺少可靠的根据，而是"感觉到是对的"。直觉在缺少充分信息的情况下可能会产生效果，但是和事实可能有偏差。

⑦瘫痪型：瘫痪型的人能做出决策，但是不敢承担决策后的责任，做出决策后时常处于过度焦虑中，"一想到要开始工作就害怕"，结果就是无法真正为决策后果承担责任。

⑧计划型：使用如同标准化决策模型所推荐的理性策略。

上述 8 种决策风格各有优缺点，很难说哪一个最好，哪一个最坏。例如，直觉型决策者能快速提取信息，并根据已知信息快速做出决策，但可能会出现认知偏差。烦恼型和顺从型的人有依赖倾向，但是在反复的斟酌中可能会减小个人的认知偏差。决策风格的形成受到自我性格和外部环境的影响，一旦形成就具有一定的稳定性，但也不是绝对无法改变的。

（二）克朗伯兹生涯决策理论

职业选择过程受到四类因素的影响：遗传天赋和特殊能力（如内在素质、身体障碍、音乐和艺术能力）；环境条件与事件（如劳动法规、技术进步、社会机构变化、家庭资源）；学习的经验（如各种工具性学习、行为和认知反应、观察学习）；完成任务的技能（如设定目标、工作习惯、情绪反应方式）。

决策模式包括 7 个步骤：

①界定问题：描述必须完成的决策，估计完成所需时间并设定确切的时间表；

②拟订行动计划：描述决策所需采取的行动，并估计所需时间及完成的期限；

③澄清价值：描述个人将采取哪些标准，以作为评价各种可能选择的依据；

④描述可能做出的选择，确认选择方案；

⑤依据自己的选择标准和评分标准，逐一评价各种可能的选择，找出可能的结果；

⑥比较各种可能选择符合价值标准的情况，从中选取最能符合决策者理想的选择；

⑦描述将如何采取何种行动以达成选定的目标。

二、整合决策信息，设计发展阶梯

（一）职业选择的方法与策略

1. 从客观现实出发

职业选择必须从客观现实出发。首先要将个人的职业意愿、自身素质与能力结合起来，加以充分的考虑，估计一下自己能否胜任某项职业的要求，认真评价个人职业意愿的可能性，即进行准确的自我评价和定位。其次对职业岗位空缺与需求做出客观分析。

2. 比较鉴别

首先，将职业和自己的能力进行比较，将职业对人的要求具体化，比如教师职业要求有较强的语言表达能力，艺术工作者要求有丰富的创作力，等等。其次，在选出的多种职业目标中进行比较。自己的条件可能适合好几种职业，应当选出那些更符合条件的，更符合自己特长和专业发展的，经过努力能很快胜任的职业。再次，将职业提出的各种条件进行比较。因为从事某种职业所需要的各种条件是有主次之分的，每个人进行职业选择时也要考虑多个方面，当个人的素质符合某种职业的主要条件时，职业选择就比较容易成功。

3. 扬长避短

在选择职业时，要清楚地知道自己的长处是什么、短处是什么。一般来讲，当职业与个人的理想、爱好、个性特点、专业特长最接近时，个人的主观能动性容易激发出来。因此，在选择职业时如果充分考虑到最大限度地发挥自己的专长，有利于个人全面发展等因素，走上工作岗位后，才有可能热爱自己的工作，才能把工作当作愉快的事情去做，才能卓有成效地开创未来。

4. 适时调整

有的人可能当时的选择是对的，后来情况发生了变化，还有的人在选择时考虑不够全面，在实践中行不通，这就要依据新的情况，适时调整，慎重地进行新的选择，以实现自己的职业生涯规划。适时调整的含义是：对自己心目中的理想单位和职业，如果不能一步到位，可以采取打好基础、抓住机会、分步前进、逐渐逼近的策略。如果客观现实不具备，就应该适时调整，创造时机，使条件成熟。

大学毕业生的职业选择只是职业发展计划中的第一步，走好第一步固然重要，但未来的路还很长，也许还会面临更多的选择。因此，一个人必须通过大量地、不断地实践和转变，才可能发现一条从心理上和经济上都满意的职业发展道路。

（二）职业目标的制定与管理

1. 职业目标的制定

目标之所以有用，是因为它能帮我们从现在走向未来。立定志向可以成为成功的驱动力，同时也可以使自己更能掌握方向，明确应该做的事情。

2. 目标设定的原则

目标设定是在自我觉醒的基础上，对自己未来职业生涯的一个初步的概想。在进行职业目标设定时，应该遵循 SMART 原则。

（1）S（Specific）——具体

目标要清晰、明确、具体。所谓明确就是要用具体的语言清楚地说明要达成的行为标准。明确的目标几乎是所有成功人士的一致特点。很多人不成功的重要原因之一就是目标定得模棱两可。要做到这一点，需要回答以下 6 个"W"。

Who：谁参与；

What：要完成什么；

Where：确定一个地点；

When：确定一个时间期限；

Which：确立必要条件和限制；

Why：明确原因，实现此目标的目的或好处。

例如，你确定了一个目标——"好好学习"，这就不是一个具体目标。你可以将此目标具体化，比如"每天去图书馆，至少看书 2 小时"。

心理学家得出了这样的结论：当人们的行动有了明确目标，并能把自己的行动与目标不断地加以对照，进而清楚地知道自己的行进速度和与目标之间的距离，人们行动的动机就会得到维持和加强，就会自觉地克服一切困难，努力达到目标。要达到目标，就要像上楼梯一样，一步一个台阶，把大目标分解为多个易于达到的小目标，脚踏实地地向前迈进。每前进一步，达到一个小目标，就会体验到"成功的喜悦"，这种感觉将推动他充分调动自己的潜能去达到下一个目标。

（2）M（Measurable）——可度量

目标要可量化，是明确而不是模糊的，要有一组数据，作为衡量是否达成目标的依据。确保目标可量化，你可以问自己：我怎么知道自己是否达到了目标？是多少？有的东西不好量化，也要尽量找到一个量化的标准。

假如你想熟练地掌握网站制作技能，那么你可以将自己的目标定位为：可以独立完成一个电子商务类网站的策划和制作。

（3）A（Attainable）——可实现

设定的目标要高，要有挑战性，但又必须是可达成的。目标要通过努力可以实现，不能过低和偏高，偏低了无意义，偏高了实现不了。一般来说，当设定的目标对你有很重大的意义时，你会尽最大的努力去完成。假如你的目标是按时毕业，拿到学位，那么这种目标就是不具挑战性的。而如果把目标设定为在学术造诣上超越爱因斯坦，那么基本上没有实现的可能，这种目标在设定上就是失败的。

（4）R（Relevant）——现实性

设定的目标要有现实性，要和实际情况相关联。设定的目标最好是你愿意做，并且能够做好的。在职业目标的设定上，一定要注意目标的设定和岗位的职责是有关系的。比如你打算从事会计工作，努力考个会计师证是很有必要的，而你花费很多时间去考心理咨询师证，就无太大必要了。

（5）T（Time bound）——时限

目标要有时限性，要在规定的时间内完成，时间一到，就要看结果。没有时间限制，就没有紧迫感。回到做好学生的目标，你问自己，有没有在学习？回答往往是肯定的。一年后，你再问自己，学到了什么？很多人回答不上来。针对这种情况，你完全可以设定类似这样的目标，如在 2022 年 12 月前，自学完成工业工程专业的全部课程。

3. 目标设定的方法

在设定职业生涯目标时可以采用时间分解法，将目标分为短期目标、中期目标、长期目标和人生目标。设定正确的目标不难，但要实现目标却不容易。如果目标太远大，我们会因为苦苦追求却无法达成而气馁。因此，将一个大目标科学地分解为若干个小目标，落实到具体的每天每周的任务上，正是实现目标的最好方法。

（1）短期目标

短期目标通常是指时间在一至两年内的目标，是中期目标和长期目标的具体化、现实化和可操作化，是最清晰的目标。如对专业知识的学习，两年内掌握哪些业务知识、职业选择等。通常，又可以将短期目标分解为很多小目标，如一个月甚至一周的目标。在设定短期目标时，须做到：

①目标具备可操作性；②明确规定具体的完成时间；③对现实目标有把握；④服从于中期目标；⑤目标可能是自己选择的，也可能是企业或上级安排的、被动接受的；⑥目标需要适应环境；⑦目标要切合实际。

短期目标对大学生来说，是十分重要的。短期目标设定是否合理，决定着中期目标和长期目标是否可以实现，相对而言，短期目标的分类也更为复杂一些，分类的标准不一样，分类则不尽相同。

按年级来分，可为一年级目标、二年级目标、三年级目标。

按照学期来分，可分为上学期目标、下学期目标。

按照假期来分，可分为暑假目标、寒假目标。

按照内容来分,可分为学习目标、生活目标、社团实践目标、兼职目标、实习目标等。

按照毕业后的去向来分,可分为就业目标、升学目标、留学目标、创业目标、培训目标。

(2)中期目标

中期目标一般指三到五年的目标。中期目标在长期目标的基础上确立,如毕业时找到一份满意的工作,上理想的学校读研究生,出国留学,先择业再创业,实现当老板的理想等。在设定中期目标时,须做到:

①通常与长期目标保持一致;②是结合自己的志愿制定的目标;③用明确的语言来定量说明;④对目标实现的可能性做出评估;⑤有比较明确的时间,且可做适当的调整;⑥基本符合自己的价值观,充满信心,愿意公布于众。

(3)长期目标

长期目标是时间为五年以上的目标,它通常比较粗、不具体,可能随着形势的变化而变化,在设计时以画轮廓为主。如规划30岁时成为一家中型公司的部门经理,规划40岁时成为一家大型公司的副总经理等。在设定长期目标时,须做到:

①目标有可能实现,具有挑战性;②对现实充满渴望;③非常符合自己的价值观,为自己的选择感到自豪;④目标是认真选择的,和社会发展需求相结合;⑤没有明确规定实现时间,在一定范围内实现即可;⑥立志改造环境。

长期目标主要受自己的人生目标的影响。在生活中,人们最容易忽视的就是长期目标。人们总认为,五年后的事情太远了,考虑这么多、这么远,没什么用。果真如此吗?当然不是。现在,大学生就业困难,很多大学毕业生找不到满意的工作,可是有些大学生还没毕业就被名企高薪聘用了,而这些被聘用的大学生基本上树立了长期目标。

(4)人生目标

人生目标是指整个人生的发展目标,时间长至40年左右。一般说来,短期目标服从于中期目标,中期目标服从于长期目标,长期目标又服从于人生目标。在实施目标时,通常是从具体的、短期的目标开始的。

第三节 职业素养自我管理

一、打造积极心态培养正确的职业价值观

（一）积极心态

积极心态就是面对工作、问题、困难、挫折、挑战和责任，从正面去想，从积极的一面去想，从可能成功的一面去想，积极采取行动，努力去做。积极心态要求人们在一时一事中学会积极的思维。积极思维是一种思维模式，也就是可能性思维、肯定性思维，它使我们在面临恶劣的情形时仍能寻求最好的、最有利的结果。事实证明，当你往好的一面看时，便有可能获得成功。积极思维是一种深思熟虑的过程，也是一种主观的选择，也就是说，在看待事物时，应考虑生活中既有好的一面，也有坏的一面，但强调好的方面，就会产生良好的愿望与结果。

（二）正向思维

正向思维使我们的大脑处于开放状态，处于积极的激活的状态，使情绪处于"兴奋""激情"状态。这种状态正是大脑指令的表达，并能调动身体各个系统和各个器官有效地、良好地朝指令方向"动作"，于是，能力、创造力和潜力被挖掘出来。负向思维恰好相反，它否定自我、轻视自我，并放弃开发自我的努力。

思维方式的建立是一个长期的调整、强化、反复的过程，这种过程，并非脱离实践的修身养性，而是在追求成功的过程中反复实践和成功循环。不断强化这种思维方式，即正向思维→导向成功→强化正向思维→进一步成功。

一个拥有健康的正向思维能力的人，能抵御生活中各种负向的影响，那种怨天尤人、灰心丧气、无能为力、无所作为的情绪，很难进入他们的头脑，即使有些低沉，也会及时调整，尽快清除。正向思维的人总处在激情、激活的状态，灵感、思想火花、绝妙的观点和宏伟的策略，都会迸发而出。自觉地、一次又一次地反复调整和控制自己，长此以往，一种良好思维方式就会变成自己的意识活动。

（三）培养正确的职业价值观

1. 敬业

敬业精神指的是对工作的责任心、成就感、奉献精神和信义程度。

"敬业"就是爱岗，顾名思义，就是爱惜自己的工作岗位，全心全意投入工作。

"敬业"就是有责任心。责任就是不仅要对自己承担的工作有责任感，而且要敢于承担工作中因失误所造成的后果，这样才能真正地对得起自己，对得起企业，对得起社会。

心怀敬业精神，是保证事业正确发展之基。敬业，是尊崇自己的职业，对工作、他人和集体承担责任，以尊敬、虔诚的心态对待自己所从事的职业。敬业表现出一种崇高的使命感和神圣感，敬业体现出不断学习和勇于创新的良好习惯。

一个人的人生目标不管有多远，兢兢业业地做好本职工作是实现人生大志的第一步和最基本的一条。在工作中，许多时候决定成败的往往是工作态度，敬业精神决定成就的大小。只有全力以赴地投入工作，个人潜能才会得到充分挖掘，而增长的才干又会让人更加兢兢业业地工作。如此良性循环，成功自然就来了。

敬业精神是做好本职工作的重要前提和可靠保障。当前用人单位对毕业生的敬业精神提出了更高要求，而敬业精神的缺失成为当代大学生就业的瓶颈之一。大学生应该培养敬业精神。

2. 忠诚

忠诚是职场最基本的道德，也是职场成功最核心的品格。

所有成功伟大的组织在选择其用人的价值观时，无不以忠诚为核心品格。他们在制定组织的核心价值观的时候，也将"忠诚"纳入其列。

忠诚是信任的根本前提，也是责任担当的根本前提。没有忠诚，就不会有信任；而没有信任，就不会有责任和担当；没有责任和担当，就不会有情谊、机会和持续的高价值的利益。

忠诚是对归属感的一种确认。如果一个人确认自己属于某一个集体，这个集体可以是学校，可以是企业，也可以是社会，就会自觉地认为他必须为团队做出最大的贡献，才能得到这个团队的承认。所以，忠诚可以确保任务的有效完成，以及对责任的勇敢担当。

3. 服从

在工作中服从领导安排是职员所应具备的一种美德，也是日后取得工作成绩的必备条件。"服从"主要强调的是一种团队合作意识。团队合作的意义不仅在于"人多好办事"，而且在于通过团队来实现对个人力量的整合，从而凝聚成一股强大的动力。

对一个团队来说，无条件执行的服从精神非常重要，只有拥有这一美德的人才能在团队中游刃有余，才能得到上司的赏识和重视，也比其他人拥有更多成功的机会。

因此，很多团队领导在考虑"最想要一个怎样的下属"的问题时，都指出了一个共同点，那就是懂得服从领导。

4. 自信

在充满竞争的职场，在以成败论英雄的工作中，谁能自始至终陪伴你，鼓励你，帮助你呢？不是老板，不是同事，不是下属，也不是朋友，他们都不可能做到这一点。唯有你自己才会伴你走完人生的春夏秋冬，也唯有你自己才能鼓起你的信心，激励你更好地迎接每一次挑战。

自信不是潇洒的外表，但它会带给你外表的潇洒。它是需要长期坚持的一种生活习惯，它会让你认识自己所扮演的人生角色，自己在哪方面有足够的能力，还有哪方面需要再发掘自己的潜能，这样你就能精神饱满地迎接每一天升起的太阳。

5. 感恩

感恩是一种世界观，就是把自己看得很轻，把别人的帮助看得很重，因而难忘，心存感激。心存感恩，知足惜福，如此才会有一个积极的人生观、健康的心态。

职场需要感恩的员工。学会感恩，是一种职业道德。感恩是大学生必不可少的一种道德素质。做一个感恩的人，拥有一颗感恩的心，能更好地帮助大学生培养积极主动的就业心态，学会诚信就业和理性择业。

6. 奉献

奉献社会就是要求从业人员在自己的工作岗位上树立起奉献社会的职业理想，并通过兢兢业业的工作，履行对社会、对他人的义务，自觉为社会和他人做贡献，尽到力所能及的责任。当社会利益与局部利益、个人利益发生冲突时，要求每一个从业人员把社会利益放在首位。

奉献社会是一种人生境界。奉献社会不仅有明确的信念，而且有崇高的行为。奉献社会是职业道德的出发点和归宿。

因此，无论从事什么职业都要树立正确的义利观，正确处理好公利与私利的关系。当"义"与"利"发生矛盾时，要有顾全大局、乐于奉献的精神，真正把国家、集体和人民的利益放在首位。要杜绝斤斤计较、只讲索取不讲奉献、只讲权利不讲义务、只讲金钱不讲道德的思想观念。

7. 尊重工作

大学生想要在工作中取得成就，首先就要从尊重自己的工作开始。尊重自己的工作，就要懂得如何去面对工作。以一种什么样的心态去面对自己所从事的工作，是能否做好这份工作的前提。不论做什么工作，大学生都要端正心态，用积极的、主动的、包容的、自信的、学习的、感恩的、竞争的心态投入其中。以良好的工作心态来解决工作中的问题，才能使自己不断进步，不断取得成功。

二、养成健全人格，塑造通用职业素养

（一）人格养成

人格是指人的性格、气质、能力等特征的总和，也指个人的道德品质和人作为权利、义务的主体的资格。而人格魅力则指一个人在性格、气质、能力、道德品质等方面具有的很能吸引人的力量。在今天的社会里，一个人能受到别人的欢迎、容纳，他实际上就具备了一定的人格。良好的人格特征包括妥善的为人处世方式、广泛的兴趣爱好、幽默的性格等因素。

大学生完善的人格指的是人格构成诸要素——气质、能力、性格和理想、信念、人生观等方面的均衡发展。大学生的人格养成要体现在良好的道德素质，综合的文化素质，和谐的人际关系，健康的心理状态，彬彬有礼、温文尔雅的礼仪形象上。同时还要体现在学会感恩父母，学会承担自己在学校在家庭的责任和义务，学会感受为他人服务的快乐，学会在乎每一个人，学会尊重每一个人上。

（二）诚信正直

人有长幼、贫富、地位、性格之别，发展机遇和生存环境也各不相同，但是在言谈举止、为人处世之中却处处反映出一个人的道德品质和修养。在众多的道德操守中，诚信正直堪称做人的基本准则。

诚信正直是一个人应有的美德，也是一个人的立身之本，是社会得以维系的基础。就人的自身而言，诚实待人，正直处世，可以使人心胸坦荡，正义凛然，少费了许多心机，可以用更多的时间和精力去干一些正当的有意义的事，有利于树立自己的信誉，有利于自己的发展，有利于社会的进步。这可能也是君子与小人的最大区别，所谓"君子坦荡荡，小人长戚戚"。从交际的角度讲，诚信正直具有强大的亲和力，与朋友交往可以减少别人的防范心理，给人可以信赖之感。

（三）追求卓越

1. 要做就做最好

我们对待工作，绝不要抱着无所谓、马马虎虎、得过且过的态度。面对每份工作都应积极开动自己的大脑，勇于承担责任，不为失败找借口，不让抱怨成习惯，每个环节都力求完美，那么结果一定是最好的。

2. 多做事情，少问问题

对上级的托付能立即采取行动，全心全意去完成任务——"把信交给加西亚"。上级交给你一个任务，就是给你一个目标，至于采取什么方式去实现目标，那就是员工应该考虑的问题。目标是虚的，而执行力却是由实实在在的工作组成的，如果领导交给员工的工作，员工都能不多问一句地完成好，这样的员工还怕没有成功的那一天？

3. 没有任何借口

接受了任务就意味着做出了承诺，而完成不了自己的承诺是不应该找任何借口的。可以说，工作就是不找任何借口地去执行。思想影响态度，态度影响行动，一个不找任何借口的员工，肯定是一个执行力很强的员工。无论在什么样的工作行为上，都要对自己的工作负责，不要用任何借口来为自己开脱或搪塞。

"拒绝借口"应该成为所有企业追求完美的最有力的保障，它强调的是每一位员工都应该对自己的职业行为准则奉行不渝，没有任何借口地坚定执行。不以任何借口为理由并不是最终的目的，这种要求是为了让个人学会应对压力和挑战，培养自己不达目的决不罢休的毅力。

4. 注重细节

天下难事，必作于易；天下大事，必作于细。细节到位，执行力就不成问题。因此，作为员工，应把做好工作当成义不容辞的责任，要认真对待，注重细节，来不得半点马虎与虚假。

看不到细节，或者不把细节当回事的人，对待工作就会缺乏认真的态度，对事情只能是敷衍了事。他们只能永远做别人分配给他们做的工作，甚至即便这样也不能把事情做好。而考虑到细节、注重细节的人，不仅认真对待工作，将小事做细，而且注重在细节中找到机会，从而使自己走上成功之路。

第五章 大学生德育管理与社区化管理及创新路径

第一节 大学生德育管理及其组织体系构建

一、新时期高校学生德育管理

高校学生德育管理是现代高校管理的重要组成部分，既是高校管理活动的一项重要内容，也是高校管理活动的一种特殊形式。高校德育管理是一般管理原理在高校德育中的具体应用。高校德育由多种要素构成，直接受多方面因素的影响和制约。由于影响高校德育的因素多、涉及范围广，因此高校德育要落到实处、取得实效，需要有专门的组织机构，能针对德育工作的复杂性、特殊性、专门性，制订可行的德育工作计划，协调好各方面的教育力量，以求达到德育目标。

（一）高校学生德育管理的现实意义

1. 提高德育实效

相对高校其他方面而言，高校德育管理更为复杂。德育管理旨在通过加强实体化管理，建立德育质量保障体系、完善德育工作控制系统和健全德育约束机制，运用科学合理的方法发挥德育的作用，以求切实明确高校各部门及相关人员的德育责任，提高德育实效。

2. 调动德育工作者的积极性

德育工作者是高校德育工作的保证。德育的科学管理，一方面要根据德育目标的要求，对德育工作者的行为实行必要的监督和限制；另一方面要鼓励、支持和强化德育工作者的符合社会需要、为社会所要求的愿望和追求，使之转化为从事工作的内在动机，使德育工作者的心理活动保持一种能动的活跃状态，具有强烈的学习和工作的欲望并做出行动，既有争取优良工作绩效的意志，又有研究改进工作的创新精神。

3. 发挥德育组织的职能

德育组织是德育管理的直接载体，为了实现一定的德育目标，人们按照某种方式结合而成的正式群体，称为德育组织，如高校的党（团）组织、少先队组织、年级组、班级等。基于这些不同组织的存在，高校德育工作才能正常地开展。如何利用、管理好这些组织，使它们有效地服务于高校的德育工作，是高校德育管理需要思考和解决的问题。加强德育管理，就是要依据科学的德育管理体系，建立有特色的德育管理体制，从而理顺德育组织内外的各种关系，充分发挥德育组织的凝聚力，从而使德育工作卓有成效。

4. 营造优良的教育氛围

校风是高校全体成员的作风，是高校成员在思想、学习、工作、生活上表现出来的相对稳定的态度和行为方式的总和，如学风、教风、高校领导作风等。从高校管理的角度来看，校风是一所高校的办学思想、管理意识、管理制度、管理价值等方面的外在表现；从高校伦理价值的角度来看，校风又是对高校的基本精神状态和道德风貌的总的概括。优良校风的形成，会成为一种强大的感召力和约束力，能对高校每个成员产生潜移默化的影响，在无形中使高校组织凝聚在一起。校风建设是德育管理的重要内容，良好校风的形成，意味着高校良好教育氛围的形成。

5. 协调各方的教育力量

高校德育是一项系统工程，其中涉及对诸种影响因素的综合考虑和各方教育力量的协调。加强德育管理，就是要通过组织、协调、指挥等职能，把校内外各种可调动的德育因素科学、合理地组织起来，并按照统一的目标和计划相互协调地发挥作用，以求取得整体的德育效果。就高校外部而言，意味着需要从高校实际出发，开发和利用各种德育资源，创设各种有利情境和机会，加强高校和社区之间的联系，促进教师和家长之间的沟通，由此整合高校、家庭、社会的教育力量和影响，发挥德育的整体效果；就高校内部而言，意味着需要突破单一依靠德育组织或德育工作者的状况，调动高校内部各种教育资源和力量，最大限度地发挥校内各种力量的德育功能。

6. 促进高校整体的德育管理

德育管理是整个高校管理的重要组成部分。作为整体存在的高校环境中，德育工作的开展，需要同智育、体育、科研、后勤等各项工作紧密联系。作为各育之首的德育，其管理对其他各育的管理具有先导、指引的作用。因此，加强德育管理，不仅意味着需要高校其他各育管理的支持和配合，也意味着可以直接影响和促进高校其他各项管理工作的全面改善，德育管理对高校管理的整体工作有较大的促进作用。

（二）高校学生德育管理的基本内容

1. 高校德育管理的目标

高校应根据外部环境和内部条件制定出本校德育的总体目标、阶段（学年或学期）目标和层级（各部门、年级、班级）目标，并且要处理好总目标和子目标、整体目标和局部目标、长远目标和近期目标、组织目标和个人目标之间的关系，形成德育目标网络体系，对各级各类目标的完成情况进行相应的指导、督促和评价。因此，高校德育目标管理是高校德育工作成效的衡量尺度，对高校德育具有导向、激励、凝聚和评价的作用。

2. 高校的德育计划

德育计划管理是德育管理的首要内容，是其他德育管理活动的重要基础和依据。高校根据德育目标和德育管理目标，制订周密的德育工作计划，明确各个阶段的德育工作内容、重点和要求；制订具体的德育活动计划，明确不同学习阶段德育活动的侧重点，并依据各个学习阶段的活动内容，从途径、方式、方法等方面提出要求或建议；通过检查、督促德育工作的执行情况，使德育计划落到实处。由此可见，德育计划管理是一项依据现实、预测未来、设立目标、计划决策并科学地配置现有德育资源的工作，其可以使高校德育工作取得最大成效。

3. 高校的德育组织

为了实施高校德育计划、实现德育目标，需要建立德育组织系统，加强德育组织的管理。而德育组织管理关系到德育组织的建立和运行状态，进而在一定程度上决定着德育计划的成败。德育组织管理，首先，要建立健全德育管理组织机构，形成一支德育工作队伍，将德育任务细致地分配到全校各个部门、各个组织机构以及全体工作人员，并协调好各机构、部门之间的关系，凝聚高校内部教育力量；其次，组织家庭、高校、社会等力量，互相配合、协作，保证德育影响的一致性；最后，提高德育管理过程中各种资源（人力、物力、财力或时间、空间、信息等要素）的有效利用。

4. 高校德育制度

德育制度是德育各项工作开展的依据和保障。建立和健全各种德育管理制度，其中既包括全校师生员工、学生要遵守的规章、规定和规则，也包括高校德育机构设置、德育队伍建设、德育资源的开发和利用等方面的规章制度和管理条例，并要保证这些规章制度的有效实施，能及时地调整、修改、补充、完善这些规章制度，做到有章可循，有据可依。

5. 高校德育环境

高校德育环境是指开展高校德育活动所具备的内外时空条件的总和，包括高校外部环境和高校内部环境。对高校的外部环境而言，包括一定时期下的经济、政治、文化背景和社会、家庭、传媒等资源，这时德育环境管理意味着在社会环境的大背景下，通过多种渠道，取得与社会各方力量的联系与沟通，加强对德育工作的支持和配合；对高校的内部环境而言，包括高校师生关系、校园文化传统、高校和班级的空间布置等，高校德育管理就是要加强高校物质环境和精神环境的双重建设，其中文化建设尤其重要，加强教育环境建设、形成良好校风和高校传统，充分发挥环境对高校思想品德形成的潜在性、持久性的功能。但是，就一般意义而言，德育环境专指高校内部环境，即为促进学生品德形成和发展而有意识创设的环境。

6. 学生品行管理

学生品行管理属于高校德育管理的一项基本内容，由于它直接涉及德育工作的受教育者，所以能直接体现高校德育管理的成效。学生品行管理涉及学生的日常行为活动，包括生活习惯、学习习惯、人际交往习惯等，如何帮助学生养成良好的品德习惯，是高校德育工作的主要内容，是德育管理工作的中心任务。

二、新时期高校学生德育组织体系与运行

健全的高校德育组织体系，就是所建立的这种组织体系适合完成德育目标，具有系统性、完整性、全方位性，能将有关的德育工作者组织起来，并根据客观环境的变化而进行整体性运作。

按照人们对高校管理过程的一般理解，可以把德育管理过程区分为计划、组织、沟通、协调、督导（或评价）五个功能性环节。依据高校管理过程的功能性环节，可以把德育组织运行看作由目标、计划、检查等环节所构成的整体。

（一）高校学生德育管理的目标

德育管理是为实现高校德育总目标服务的。在不同的学习阶段，有着不同的德育目标，在不同地区、不同高校，也有着不尽相同的校本德育目标。如何把德育目标分解为具

体化的、可操作性强的目标，充分调动高校的人力、物力、财力资源，协调好各方教育力量、各种教育影响因素之间的关系，便涉及德育组织目标的制定问题。良好的德育组织目标，指明了高校德育工作的具体方向，明确了不同阶段高校德育工作的重心，有利于增强德育工作的针对性和目的性，有利于对高校内部各种组织或机构、各种人员提出明确而统一的工作要求，有利于调动德育工作者和广大教师参与德育工作的主动性、积极性，从而使高校德育工作落到实处、取得实效。

德育组织目标的设置，要以德育目标为指引，充分考虑高校学生思想品德发展的特点和水平，充分考虑本地、本校的实际情况，要对高校德育管理工作具有明确的指向性和指导意义。在目标设置过程中，既要遵循学生思想品德形成和发展的规律，从学生的思想品德的实际出发，又要关注德育所面临的新形势、新任务，从而满足个体发展和社会发展的需要；既要体现现实性、连续性，又要体现前瞻性、超前性，以求较好地发挥德育管理目标的指导作用和指向功能；既要体现德育的统一要求，又要反映本地、本校的实际状况，使德育组织目标具有针对性、实操性；既要体现办学理念，又要切合高校德育工作的基础和条件，从而有利于教师和学生全员参与、全程参与。

（二）高校学生德育工作计划的制订

德育组织目标要想发挥实效、付诸实践，要有一个周密的计划和安排，以保证德育管理目标能有步骤、分阶段地得到落实。周密的德育工作计划可以使德育管理者与被管理者有的放矢地开展工作，有利于协调高校各方的工作步调，是使德育目标和内容得以层次化、序列化的重要保证。制订德育工作计划的基本要求如下。

①以德育组织目标为指引，实事求是，切实可行。在计划制订的过程中，依据高校在一定时期或发展阶段的德育管理目标，针对学生的思想品德的现状和发展水平，从高校人力、物力、财力等实际情况出发，有步骤、分阶段地安排德育工作。

②合理分工，优化德育资源配置。根据高校有关机构或部门的性质和特点优化德育资源的配置，对德育工作任务进行合理分工，并从有利于达成德育目标和德育组织目标的角度，设法优化现有的德育资源配置，并通过多种渠道、多种方式，不断开发新的德育资源。

③提升工作计划的针对性、有效性。要充分发挥教职工的积极性、主动性，让他们参与德育工作计划的制订并明确各项工作的具体要求，促使他们把高校德育工作计划转化为不同岗位的具体工作任务和要求。德育工作计划的制订要服务于德育目标，服务于学生的

成长，在实际操作中，要努力避免形式主义、长官意志，避免德育组织目标高于甚至掩盖德育目标、学生的成长屈从于管理者或教育者的个人目标等不良现象的发生。

（三）高校学生德育工作的检查评估

以检查评估为抓手，制定和完善评估标准，采取高校自查、专家检查评估的方式，狠抓各项措施落实，切实加强和改进大学生思想政治教育工作。

一是通过检查评估，可以进一步明确"育人为本、德育为先"的指导思想，建立和健全以党委领导、校长及行政系统为主实施的德育管理体制，不断加强组织领导，提高认识，确保德育工作在学校工作中的优先地位。

二是通过检查评估，着眼师德建设，狠抓教书育人、管理育人、服务育人工作落实，把"三全育人"职责履行情况作为教职工年度考核重要内容，与评优、晋职晋级和津贴发放挂钩。

三是通过检查评估，进一步加强师德建设，有力推进"三全育人"工作，使教职员工良好的思想政治素质和道德风范影响和教育广大学生。

四是通过检查评估，进一步整合德育内容、创新德育形式、聚集德育力量、提高德育实效，努力搭建学生成才成功的新平台。

五是通过检查评估，进一步促进各高校重视解决学生学习、生活、成长发展中的实际问题，不断完善帮助学生成长、解决学生困难、方便学生办事、维护学生权益的服务体系，为学生的健康成长服务，并努力把解决学生实际问题与解决学生思想问题相结合。

三、新时期高校学生德育管理的重要载体

（一）高校学生德育管理规范的意义

高校管理规范是教育系统各级成员（或机构）在教育活动中共同遵守的规定和标准，是高校管理的基础工作，对保证高校正常运转、提高德育管理水平具有极其重要的作用。高校管理规范是教育系统有效运转的基本保证，对提高我国高校管理效率有重大的意义。作为庞大而又复杂的高校组织体系，要想有效运转，就需要一定的规范来统一高校内各成员的个体行为。管理规范以统一而全面的方式指导教育体系的运行，使教育系统内各部分发挥自身最大的效益，同时，合力促进我国教育发展的整体效益。

高校管理规范是加强高校德育工作的基本依据。高校管理规范体系中的德育管理规范

直接指导高校的德育工作，使各级各部门的德育工作有效开展，德育管理规范自身的评价功能让德育在评价与反馈的过程中能有效进行。高校管理规范是实现高效德育目标的重要保障。高校管理规范引导整个教育体系和高校主体的运行，各机构、岗位成员按管理规范行事，使各部分的力量互不冲突、相互配合，这也为实现高效德育提供了重要的环境保障。

高校管理规范是提高学生自主管理能力、引导班级自治的重要手段。高校管理规范以直观的条文规定了教育系统内各成员（机构）的职责，同时，对学生的自主行为也进行了规范。学生参照这些标准能规范自己的行为，也能制定班级范围内的守则，对班级进行管理和自主自治。我国各级针对性的高校管理规范也为学生自主、班级自治的实现提供了可能。

（二）高校学生德育管理规范的类型划分

高校管理规范对高校内各成员的所有个体行为做出具体的要求，因而高校管理规范的内容相当广泛，它的分类也多种多样。

①按照高校管理规范的性质划分，可分为正式和非正式的管理规范。正式的高校管理规范由权力机关制定，有具体的文本；非正式的高校管理规范属于隐性的管理规范，具有临时性，常存在于班级管理中或突发的高校管理事件中。

②按照管理规范的形式划分，可分为制度性高校管理规范和非制度性高校管理规范。制度性高校管理规范由具有一定强制力的管理机构执行；非制度性高校管理规范则不通过强制手段强迫高校内各成员或机构执行。

③按照规范的内容进行划分，主要可分为对教育人员和教育对象的管理规范、教学管理规范、德育管理规范、总务后勤管理规范、安全管理规范等。对教育人员和教育对象的管理规范包括教职工管理规范以及学生管理规范，其中教职工管理规范包括对高校领导机构、行政机构的工作人员以及教师的管理，涉及职责认定、行为指导及聘评规范等；教学管理规范指对教学岗务职责、教学程序、教学设施、教学评价的规范化管理，部分高校也将教研管理纳入教学管理规范；德育管理规范是指高校对德育工作的要求，包括对高校德育组织、高校德育内容、高校德育活动、高校德育考核等的规范化标准；总务后勤管理规范是指高校对后勤人员的后勤工作以及后勤设施的管理规范；安全管理规范是高校对师生生命和财产安全的管理要求，包括具体的安全措施、各级的安全职责以及安全常规。

④按照规范的适用范围划分，可分为全国性高校管理规范、地方性高校管理规范、校

本性管理规范以及班级管理规范。

（三）高校学生德育管理规范的特性

规范是调控人们行为的、由某种精神力量或物质力量来支持的、具有不同程度普适性的指示或者指示系统。管理规范即是某一组织（或组织体系）根据自身需要而提出的、用以调节管理对象（人或机构）行为的标准、准则或规则，它通常以文字的形式规定管理活动的内容、程序和方法，包括管理条例、章程、制度、标准、办法、守则等。

1. 高校学生德育管理规范的科学性与系统性

管理规范总是不同程度地反映着社会生活的某种因果必然性，而不是任意制定的，它是对与人的行为相关的客观规律和客观必然的把握。管理规范作为行为的指示，具有操作的可能性和达成预期的可能性。管理规范要维持效力，除了本身的科学性外，还需要系统性对之加以保障。这不仅要求管理规范要有全面的内容和体系，还需要管理规范得以搭载的统一的观念体系，使其所指定的目标和行为准则不是孤立地存于制度规范之外。总而言之，管理规范要成为人们的行为准则，它本身就应当准确、健全、统一，不能模棱两可，更不能相互矛盾。

2. 高校学生德育管理规范的价值性与评价性

管理规范的确定在规定其具有"真"的成分外，还须规定它有"善"的内涵。作为指示性的管理规范，它先于行为而存在，并期待着某种行为的实施及其结果的发生。但在行为发生后，管理规范转变为一种评价标准，用于考察主体行为结果是否符合主体（包括个体与群体）的目的。

3. 高校学生德育管理规范的规范性与强制性

高校管理规范就是用规范化的要求来指导高校的运行，并以之来指导和矫正高校内各成员的行为，使他们的行为符合高校组织体系运行的要求，同时，管理规范对所有对象都有严格的约束力，任何人不得因为任何原因而违反，否则会受到管理规范执行者的指责甚至惩罚。

4. 高校学生德育管理规范的公开性和权威性

与管理规范的指导作用相适应，管理规范要具有公开性，以简明扼要、通俗易懂的形式呈现，方便管理对象了解、掌握，从而发挥管理规范的作用，使之获得有效执行；管理规范由具有权威性的特定机构制定，因而具有权威性，这也是强制性得以保障的需要。

5. 高校学生德育管理规范的相对稳定性与发展性

管理规范一经批准就公开实行，并在一定的时期内要保持稳定。随着社会的发展和人的诉求的变更，任何组织（或组织体系）都不是固定不变的，自有其发生发展的历史。当组织（或组织体系）的目标发生变更时，其所规定的各种规范也要随之变化，管理规范要及时反映本组织（或组织体系）的利益与目标。

第二节　大学生社区化管理及其创新路径

一、新时期高校学生社区化管理及其策略

（一）高校学生社区管理的内容

高校学生社区管理的内容主要有两个：一是区域环境，指的是学区既是校园的组成部分，也是学校的一个管理部分，即在地理上属于校园环境，是学生的居住区域，而在结构上又属于学校的管理范畴，所以说学生社区和学校之间存在隶属关系；二是区域所具有的文化功能，一般高校实行的是学分制的教学，学生之间的专业界限、班级界限或者是年级界限变得越来越模糊，学生之间的交往越来越密切，对居住社区的要求也越来越多，社区逐渐出现了满足学生和外界交流的功能，社区的文化功能更侧重体现在社区环境和居住环境的统一，文化功能可以对社区居民进行文化教育。因为文化功能的存在，学生社区便多了一份责任，要承担起对社区的教育功能，学生社区也因此表现出了更加明确的目的。

高校学生社区管理的主要目的是将社区变成学校德育培养的场所，进行社区管理主要是将学生培养成有道德、有素质的社会公民，让彼此之间和谐友爱地相处。进行社区德育的培养，是因为社区的现代化要通过高素质的人来实现。

社会现代化最根本的目标是实现人的现代化，也就是人的意识和才能方面的现代化，社区是社会的一个基本组成部分，也是居民主要的生活场所，更是能体现居民现代化思想的地方。只有居民的意识形态现代化了，人才能在社区中和谐共处，社区才能形成良好的氛围。

学生社区的特点在于，社区内的群体是学生，高校要培养学生作为社区居民处理社区内事务的思想。也就是说，学生社区管理主要培养的是学生与不同专业、不同年级、不同

性别的其他学生和谐共处并成为良好合格居民的能力，不仅如此，还应该培养学生积极参与社区管理，维护社区公共环境的意识。学生社区管理的建设类似于学校对学生进行的人才培养，人才培养的实践向社会输送的是高级人才，学生社区管理建设向社会输送的是高层次、高品质的居民。

综上所述，不难发现学生学区和城市普通学区、农村社区是不同的。学生学区的特点是它隶属于学校，并且学生是流动的，它由相关的社区管理人员进行管理，除了提供必要的物质功能，还存在育人功能。它以社区的形态存在，同时承担对社区内的居民，也就是学生进行道德和品德教育的责任，并且培养学生积极参加社区管理、创新创造的意识。和普通的学区一样，学生社区也有一种归属感，代表的是回归家庭的温暖，表现出强烈的情感力量，是学生在学校对物质环境的依赖地点。在学区内，学生之间关系的建立主要依赖互相帮助、互惠互利，关系的建立是自愿的，是学生自主思维的体现。学生只有参与学区活动，才能体现出学区存在的意义，才能表现出学生性格、思想中的多样性。

（二）社区化管理的策略

在高校对学生实行社区化管理有助于学校加强内部区域管理，也有助于提高学生对社会发展的适应程度，同时也是对学生进行思想政治教育的一种途径。高校在开展社区化管理时可以参照以下三个策略。

1. 加强实践探索和理论创新

对学生的培养，每个方面都由不同的学校机构负责，比如专业培养由学校的教学机构负责、思想政治教育由学校和学院的学生机构共同负责、学生的生活由学校的后勤部门负责，但是对学生未来在社区中的生活所需要的能力和思想培养，却没有具体的部门来承担责任，这对高等教育中学生的全面培养来说无疑是一个很大的漏洞。所以，高校应该抓紧建立学生社区，将学生培养成遵守社区规定、具有社区责任感的文明公民，发挥出学区的育人职能。建设学区既能形成良好的校园育人环境，也能带动学生参加社区管理，培养社区责任感和为社区服务的意识。在学校管理中加入社区管理，明确社区管理的管理地位，有助于完成对学生未来社区生活规范和意识的培养任务。

所以，为了解决学区培养问题，学校应该加强理论建设，秉持开放办学的理念，不断地学习和探索，加强理论创新建设。开放理念有助于学校理论建设站在更高的视角，扩大理论建设涉及的范围，可以更好地通过学习和比较，不断地完善学校自身的理论建设，为创新做好基础准备。理论的建设和创新需要通过实践的加持，各个学校之间的积极交流有助于丰富理论建设经验，通过经验与理论的结合，可以促进社区建设的纵深发展。

2. 完善运行体系，解决机制问题

学生社区的建设需要完善运行体系，建立健全社区机制。学生社区的机制建设涉及以下三个方面。

第一，学生社区的运行机制。该机制是保障社区有序稳定运转的基础，该机制为学生提供设施服务和其他相关服务，目的是保证服务质量，提供稳定的功能服务。功能服务具有周期性的特点，是社区服务和功能的有序循环、可持续运行的保障。除此之外，运行机制还具有非营利性，非营利性指的是学生社区的服务和功能是学生自发的，学生通过自我服务和自我功能的调节，保障社区运行的服务质量。同样的，社区的服务质量也代表了学生社区的形象，是学生社区存在的意义。

第二，志愿者参与机制。志愿者参与机制涉及社区的人文建设和文化建设，志愿者体现的是社区的文化建设水平，志愿者的数量和质量代表了文化建设水平的高低，志愿者说明学生社区内的学生是积极、主动、有意识地参与社区服务的，这本身就是社区文化建设水平的高度体现，而且志愿者的存在有一种榜样作用，对学生思想的转化、思维的转变都是有促进作用的，可以促进社区的和谐文明建设。

第三，社区内部的激励机制。建设有效、科学的激励机制，可以促进运行体系有序、稳定地运行。

3. 把握高校学生社区化管理

第一，高校可以以智能化管理作为学生社区的管理方向。智能化是运用现代技术手段建设学生社区管理网络，为学生提供生活和学习上的便利，也为管理带来方便。现代科技的进步为管理提供了更多的方式，相比于传统管理更加高效，服务也更加周全，对学生宿舍进行互联网管理主要体现在以下方面：学生公寓进出需要刷卡验证，这样可以有效禁止外来人员的进入；对宿舍的电费、水费以及学生的床位进行智能化的管理；增设网络查询功能，可以查询宿舍管理人员的电话信息、火车的班次、住宿费、网费、水费、宿舍卫生考评结果等。网络将学生的日常生活和外界进行了有机结合，网络服务平台的建立为学生的生活带来了更多的方便，也为管理提供了更多的方式。

在学生社区实行智能化管理有助于促进学区管理方式的合理化、科学化，而且信息技术的应用对学生社区的管理来说，既提高了管理的安全性、工作的准确性以及工作的效率，又解决了以往单纯靠人力无法解决的问题。而且计算机技术可以对学生的基本情况进行动态的管理，这样有助于管理者和学生之间的有效沟通，有利于信息的流动，对管理的

科学化、合理化也有促进作用。

第二，高校可以以人性化管理作为学生社区的管理方向。人性化的管理方式指的是通过情感来实现管理。人性化的管理需要尊重被管理者，在尊重的基础上，以情感服人，这样的管理方式下的被管理者会以满意或者满足的心态开展工作，在工作中投入极佳的精神状态，能提高管理的效率。人性化管理并不完全是情感的放任管理，而是在法律和理论的基础上结合情感进行的管理，这种管理对社区管理来说也是适用的。

实行人性化管理的基础是以人为本，尊重学生的想法，并且相信学生的能力，引导学生进行自主性管理和创新管理。学生并不是没有自我思想和自我能力的群体，在实行管理时务必注重尊重学生的想法，找到学生身上的优点和个性，以尊重的态度，对他们进行管理、关心、教导。

实行人性化的管理需要管理者具备更高的素质。管理者必须正确认识师生关系，以平等的态度和学生进行交流和教育。人性化管理注重的是个人的情感魅力、人格魅力，通过情感作为连接，实现管理者和被管理者之间的友好相处。在具体的管理过程中，管理者首先要严格要求自身，根据学生的需求、尊重学生的意愿进行制度的设计，充分考虑制度的可实行性、可操作性，而且在制度执行上要公平公正，针对特殊情况可以灵活地运用。对学生的管理要以感情为先，先建立良好的关系，在平等相处的过程中进行思想政治教育和社区的管理。

二、新时期高校学生社会实践化管理与创新

（一）高校学生社会实践化管理

1. 高校学生社会实践的内容

随着教育的发展，高等学校增加了很多人才培养方式，实现了多元化的人才培养，其中，社会实践就是非常重要的培养途径。社会在不断发展和进步，时代也在变迁，不同的时代对人才的需求也是不同的，传统的理论知识传授已经无法满足现代社会对人才的新需求。现代社会不仅要求人才具有知识储备与实践动手能力，还要有科学的认识观、价值观，以及对职业有较高的责任感、较强的心理素质、道德水准等。这些要求是课堂理论知识教学无法完成的，所以需要在教育中加入社会实践，社会实践的存在可以全方位地培养人才，社会实践也越来越得到教育学家的重视。

社会实践是实现高等教育教育目标的一种教育形式，社会实践的开展有目的、有计

划，通过参与具体的生活生产和社会劳动体验社会现实，培养知识技能，形成对社会的正确认识，这也是人生观的塑造过程。社会实践对大学生的培养来说是非常重要的，它与理论知识相辅相成，实现对人才的全面培养。

2. 高校学生社会实践的意义

第一，高校开展学生社会实践可以帮学生树立正确、科学的世界观。世界观指的是人们内心对世界的看法，每个人都有自己独特的世界观。世界观的形成受人的生活环境、教育过程影响，不同的生活环境和教育过程形成的世界观都会有所差异。从世界观本身出发，世界观可以分为正确的世界观和错误的世界观，正确的世界观是正确世界观念的理论升华、系统总结。高校培养学生形成正确的世界观念，可以从两个方面入手：首先创造大学生和社会接触的机会，了解世界的本质，不被表象迷惑，不会形成对表象的肤浅认知或者是错误想法，认清世界的本质规律；其次，通过学校教学进行世界观的训练，帮助学生认识正确的世界观，并且指出世界观塑造过程中容易走偏的阶段，通过正确世界观的塑造使学生不断地对自己的思想进行反思。正确的世界观有助于将学生培养成合格的青年，因此，塑造正确的世界观是非常必要的。

第二，高校开展学生社会实践可以帮学生提高自身能力。在应试教育的背景下，我国大学生很少接触现实社会，对社会的了解不足，缺乏社会生活经验、社会阅历。在校园内开展社会实践有助于弥补大学生此类能力的不足，在实践活动中，学生可以将学到的理论知识和实践融为一体，丰富的实践活动不仅可以提高学生的动手能力，还能开发学生的智力。通过实践来检验书本所学到的理论的正确性，可以为以后的理论学习储备实践基础和实践经验，从整体上提高大学生自身的能力。

第三，高校开展学生社会实践是我国社会主义建设的需要。大学生是我国未来发展的希望，是我国社会主义的接班人，在校园内开展社会实践有助于大学生了解社会主义建设的政治、精神、经济和文明，在具体的社会实践过程中，可以更好地体会我国的国情文化，为我国社会主义的现代化建设贡献自己的力量。

第四，高校开展学生社会实践可以满足大学生自身社会化转变的需要。社会化的转变指的是从学校生活向社会生活的转变过程，社会化的过程可以帮助学生自然而然地过渡到"社会人"的阶段。大学是社会化的重要阶段，也是最后阶段，大学生相对而言已经发展成熟，但是仍需要做最后的努力和学习。

（二）高校学生社会实践的创新途径

1. 高校学生社会实践理念的更新

新时期不仅对大学生有了新的要求，同时赋予了大学生社会实践新的任务，要适应时代，就必须实现大学生社会实践理念的更新。

第一，将大学生社会实践与建设社会主义新农村的需要结合起来。社会主义新农村的建设包括新农村的经济、政治、文化等诸多方面的内容。建设社会主义新农村，仅靠国家投入资金显然是不够的，广大农村还必须投入更多的智力资源、文化资源。大学生是掌握着一定基础知识和专业知识的青年知识分子，他们的参与，无疑会有效地促进社会主义新农村的建设。大学生加入社会主义新农村建设，又会给他们的专业知识提供用武之地，使他们的实践能力得到提高。将大学生的社会实践与建设社会主义新农村的需要结合起来，意味着对大学生的社会实践在观念上要有一个更新或变革。

第二，将大学生社会实践与城市社区精神文明和政治文明建设的需要结合起来。将大学生的社会实践与城市社区的精神文明和政治文明建设的需要结合起来，持久、稳定而有效地开展社会实践教育活动，使大学生在促进城市社区精神文明与政治文明的社会实践中自身也得到提高和锻炼。在这类社会实践活动中，大学生可以将高校思想政治理论课中所学习到的内容应用于实践活动中，既能将知识活用，又能深化理论认识，同时还可以通过自身努力，促使社会变革，成为推动社会文明进步的重要力量。

2. 高校学生社会实践载体的创新

第一，建立大学生党员城乡基层接待室。如重庆交通大学，就在农村和城市社区建立大学生党员接待室，既将城乡基层大学生党员接待室作为保持大学生党员先进性长效机制的一种载体，又将其作为大学生党员和入党积极分子参与社会实践的载体。这种城乡基层大学生党员接待室既可成为大学生党员和入党积极分子了解社会的窗口，又可成为向工人、农民、市民宣传党的知识、党的政策以及国际国内政治、经济、社会形势的重要阵地，大学生还可在这个载体中与广大群众打成一片，为构建和谐社会贡献出自身的力量。

第二，建立大学生社会实践临时党支部。这也是重庆交通大学在大学生社会实践探索创新中构建的一个新生事物。通过建立大学生社会实践临时党支部，能增强党对社会实践的领导，并将党的意志、政策、主张贯穿于整个社会实践的全过程中，从而使整个大学生社会实践产生更大的政治文化效果和影响。

第三节　大学生管理手段及其法治化管理路径

一、新时期高校学生管理手段

（一）高校学生管理中奖惩制度的内容

1. 高校学生管理中奖励的内容

大学生在校接受奖励的主要内容有学习、文艺、体育、卫生、社会实践等方面以及奖励社会工作积极分子。在学习奖励方面，许多学校都设立了学习优秀奖，主要是奖励一学年内各门功课成绩均达到优秀的学生。在文艺、体育方面的奖励主要是针对学生课外活动设立的，以此来丰富他们的生活，发展他们的思维，开阔他们的视野。各高校大都开展过诸如艺术节、运动会之类的大型学生文体活动，内容丰富。时间长者一月，短者一周，学校还根据活动内容设立了各种各样的奖励项目。在卫生方面的奖励多是针对大学生宿舍建设方面设立的。学生宿舍是学生学习、生活的一个重要场所。为督促学生养成良好的卫生习惯，许多院校都开展了"创文明宿舍"或"星级寝室评比竞赛"等活动，这些对学生宿舍的精神面貌及卫生状况的改善起到了很好的促进作用。

"社会实践奖"主要是为了鼓励学生走出校门，到火热的社会实践中去向工农学习，向社会学习，在实践中加深对国情的了解，注重实际能力的培养。"优秀学生干部奖"是专为学生干部设立的，其目的主要是通过奖励的方式对学生干部的工作成绩给予肯定。

2. 高校学生管理中惩罚的内容

根据大学的学习、生活特点，惩罚内容主要有以下三种。

第一，在政治原则方面包含的内容有：参加各种非法集会的活动者；私自结社或出版非法刊物者；扰乱社会秩序，破坏安定团结者等。良好的社会秩序和安定团结的政治局面是进行社会主义建设的必要条件，也是学校完成培养社会主义现代化建设合格人才的任务的必要条件。因此学校应禁止任何人利用任何手段扰乱正常的教学秩序和社会秩序及破坏安定团结的政治局面。一般来说对于违反以上原则要求的均可酌情给予勒令退学或开除学籍的处分。

第二，学生处分内容还应涉及学生可能违反法律、法令、法规或受到司法、公安部门处罚的行为。一般而言凡被司法机关处以警告或罚款（不包含交通违章罚款）者，根据情节，可给予警告或严重警告的处分；凡被司法机关收审（经审查纯属无辜者除外）或处以行政拘留者，学校可根据情节给予记过、留校察看、勒令退学的处分；凡被司法机关处以拘役、管制、判处徒刑（含缓期执行），可给予勒令退学或开除学籍的处分。

第三，在校纪校规建设方面对学生的处分应包含以下三点内容。

首先，破坏公共财产。破坏公共财产主要是指损坏、破坏公共财物的完整性或使公共财产丧失部分以至全部使用价值的行为。这种行为的特点是学生出于个人目的破坏公共财物。破坏公共财产处分的级别既要根据破坏公共财物价值的大小，还要根据破坏公共财物的手段的轻重程度等来决定。过失损坏公共财物的行为，一般应按损坏价值大小予以赔偿，但这种赔偿并不是处分。

其次，扰乱宿舍、课堂、食堂、考场、会场、图书馆、影剧院及其他公共场所秩序，妨碍学校或上级工作人员履行公务的，都应根据情节轻重给予相应的行政处分。

最后，在校内从事买卖活动和从事与学生身份不相符合的以营利为目的的经商活动者，除没收其商品外，亦应视其情节及贩卖商品数额的大小给予相应的行政处分。

（二）高校学生管理中奖惩考核体系的建立

1. 实施奖惩工作的基本内容

大学生奖惩工作与思想政治工作或其他工作相比，其社会影响更为广泛。因此大学生的奖惩工作就具有很强的政策性。在大学生奖惩工作中，应具体注意以下两点内容。

第一，奖惩要有依据。对大学生的行为管理，主要依据国家规定的培养目标和各级主管部门及学校本身制定的规章制度、行为准则和有关条件。近年来，国家教育行政主管部门颁布了有关高校学生行为管理的办法及准则等。这些规定、准则和条例，是高校进行科学管理的最有权威的依据。各高校应根据这些规定、准则及条例结合本校实际情况制定若干细则和准则、条例，从而使学生管理工作有章可循，按章办事，以避免和克服管理工作中的随意性。有了规章制度后，还要广为宣传。要像全国普法教育那样，在大学生中进行校纪校规教育。有条件的学校，还可将有关学生管理方面的条例、规章制度及办法汇编成《大学生手册》，从而使这些规章制度真正成为大学生的思想素质准则和行为准则。

第二，奖惩要有人执行。规章制度建立后，具体的贯彻实施较为重要。因此建立一支训练有素、相对稳定的学生管理工作队伍，才能真正适应学生管理工作的需要，才能真正使奖惩这个学生行政管理的重要手段发挥出它的作用来。高校党政领导应重新评价和正确认识学生管理工作的地位和作用，增强学生管理干部的光荣感、责任感，从而选拔一批思想政治素质好、吃苦耐劳、具有一定的理论修养和实际工作经验、热爱学生工作的同志从事学生管理工作，并能定期从学生管理干部中选拔一批同志外出进修或去教育行政管理学院脱产学习。此外，还要注意改善学生管理干部的工作条件和生活条件，以解决他们的后顾之忧。

2. 实施奖惩考核体系的工作依据

学生综合测评内容基本上是按德、智、体三个大的方面进行考评，但是在具体实施过程中，智育和体育方面容易量化，而德育方面的考核工作是一个难度较大的问题，因为这里有一个"量化"的问题。对大学生政治思想测评量化问题，目前全国各高校都处在探索和尝试过程中。人的思想政治品德，有其外在表现的一面，也有其内在心理素质和道德涵养的一面。这两个方面，特别是后一个方面是比较难以量化的，起码是不能简单量化的。近年来，围绕大学生思想品德测评问题，高等学校思想教育部门及行政管理部门的同志进行了许多探索和尝试。

第一，大学生德育的量化考核。综合目前全国高校的德育量化工作来看，一般的做法都是从学生思想品德的实际出发，把德育考核分解成两部分，即基本素质（一般量化定为60分，称为基础分）和参考附加分（量化分为正分和负分两种类型），即德育成绩等于基础分60分加上考核附加分（正分或负分）。德育考核附加项的内容各校不尽一致，但大体都包括五个方面的内容：①形势任务方面的内容，如参加时事政治学习和党团组织生活及校、系、班三级组织的集体活动的出勤情况；②学习态度方面的表现情况，如按时上下课，及时完成作业，遵守课堂纪律、考试纪律等方面的情况；③文明礼貌方面的内容，如尊敬师长，团结、关心、帮助他人的表现情况以及个人卫生、宿舍卫生，爱护公物，维护公共秩序方面的情况；④为同学及社会服务方面的内容，如担任学生干部和其他社会工作的工作情况；⑤大学生社会实践方面的内容，还有将在大学生中开设课程的成绩纳入德育考核范围的。

第二，大学生的智育考核。智育考核的一般做法都是以学生全年各门课程考试成绩为依据并设附加奖励分。即智育成绩等于本学年各门课程总成绩除以本学年课程总门数后的得分再加上奖励分。智育考核的奖励分一般是指课堂以外的专业学习及科研情况，如发表论文、参加专业知识方面的学习竞赛或某种发明创造等。

第三，大学生的体育考核。大学生的体育考核主要是对学生的体育课成绩、参加课外文体活动、早操出勤等方面的情况进行考核，有些院校将劳动课及义务劳动等方面的内容加入了该项考核。体育成绩考核也应确定基础分，即体育成绩等于基础分60分加上附加分（正分或负分）。

第四，大学生综合测评总成绩的确定。大学生德、智、体三方面总成绩的计算，即把德、智、体三方面分项考核的成绩乘以各自所占的百分比，然后相加，即是大学生的综合测评总成绩。德、智、体三方面各自应占多少比例，各校可以自行研究决定。

（三）高校学生管理中教育及管理手段

1. 奖惩工作与思想政治教育相结合

在社会主义改革开放和现代化建设的过程中，奖励和惩罚的手段作为思想政治教育的一个基本方法，具有重要的社会意义，这是因为社会主义现代化建设需要人们有严明的纪律以及稳定的社会秩序来做保证。公开、及时地运用奖励和惩罚的方法，使人们直接认识到怎样的行为是好的或者不好的，认识到自己行为的直接后果，从而使他人从当事者的行为中吸取经验教训，这是在对人进行思想政治教育的过程中，运用奖励和惩罚手段的主要目的。

为了使思想政治教育更加有效，必须与行政管理相结合，行政管理主要是用行政的规定、制度、条例、守则、章程等规章制度和行政手段来约束人们的行为，从而养成良好的行为习惯。思想政治工作要求对人们进行耐心教育，但耐心教育并不是万能的，对违法乱纪的行为，必须给予必要的纪律制约乃至法律制裁。

奖惩作为一种手段，其目的在于使学生增强法纪观念，明确是非界线。因此，当思想政治工作与奖惩工作紧密结合起来的时候，就会增强教育效果。正确的奖励，客观上就树立了典型。这不仅使被奖者受到了鼓励，还能在周围环境中产生较大的社会效果，以激励他人上进。正确的惩罚也是如此，它不仅能使少数犯错误的学生认清错误，吸取教训，而且可以使他人引以为戒。简言之，思想政治工作是做好奖惩工作的保证，而奖惩则是做好学生思想政治工作的有力手段之一。

2. 坚持奖惩结合的原则

奖惩结合，以奖为主，符合唯物辩证法的原则，反映了人的思想活动特点和发展规律。任何一个学生身上总是包含着积极因素和消极因素两个方面。积极与消极，先进与后进，是此长彼消的，开展奖惩工作的目的正是鼓励先进、鞭策后进。

奖励主要是利用人们的上进心来发挥作用，而惩罚则主要是利用人们对自尊心的维护本能及个人经济利益的需要心理来发挥作用。从心理学的角度来讲，奖励易被接受，而惩罚则易损伤自尊心。大学生正处于成长阶段，他们思想活跃，上进心强，惩罚如若不当则会引起思想上的对立，产生消极抵抗情绪，影响学生积极性的发挥。奖惩结合，以奖为主，在以奖励表扬为主的前提下，及时地、恰如其分地运用惩罚手段，从而鞭策和教育犯错误的同学，使其正视自己的错误，增强其改正错误的信心和勇气。奖惩结合，以奖为主的管理，是一种积极而有效的管理办法。

人类所从事的生产活动和进行的各项社会实践活动，最终都直接或间接地满足人们的物质需要与精神需要。一定的物质奖励是必要的，但是单纯的物质奖励则是不可取的，人们的需求不仅包括物质需求，同时也包括精神需求。大学生正处在长身体、长知识、长能力时期，大部分学生富于探索精神，有理想、有抱负、有追求，渴望成才，因此，对学生而言，尊重的需求和自我实现的需求显得更为强烈，即精神上的鼓励更能调动其积极性。

（四）高校学生管理中奖惩制度的实施

高校学生奖惩制度的实施程序设计既是依法治校的重要体现、保护学生合法权益的重要途径，又是高校开展学生教育的载体，对学生起着"无为而治"的作用。明确高校学生奖惩制度的实施程序，引入现代先进的司法程序（如听证制、申诉程序、奖惩委员会的设立等）于学校学生管理中，设立学生奖惩管理中的正当程序，其目的是提高学生在学校管理工作中的参与性，增强学生管理的公开、公正，切实维护学生的正当权益。在具体实施奖惩的过程中，以下三个方面需要在实践环节中加以重视和强化。

1. 奖惩制度制定前应实行听证制度

听证的主要内容包括：制定本奖惩制度的必要性、可行性，依据是否充分，奖惩的定性表述是否准确，定量表述是否适度等。参加听证的人员一般应包括管理者和被管理者，即教职工与学生两个群体，尤其是要充分听取和尊重被管理者——学生的意见和建议。

2. 奖惩制度运行过程中的公示问题

随着学生法律意识、维权意识的逐步增强，公示作为体现知情权的重要方式日益受到学生的重视和关注。除了奖惩初步结果公示之外，学校对奖惩制度的起草、会审、通过、更改以及奖惩评比和审批过程的各个环节，均应通过一定方式面向学生本人以及学生群体予以公布。公示各个环节的工作，实际上是对被管理者展示奖惩的实施程序合法、合规的过程。特别是学生申诉制度建立后，程序是否合法最容易引起纠纷、争端，做好这项工作，有利于增强管理效能，维护学校稳定。

3. 建立完善学生申诉制度

按照新的高校学生管理规定，学生对学校给予自己的处罚有权申诉，学校应成立专门的机构负责接收学生申诉，再次进行调查核实，做出处理答复。在具体实践中，学生事务申诉工作机构的组成应与作为纪律处分的管理部门区别开来。简言之，要真正体现申诉处理的合法性。由于目前学生申诉的受理未发展到非高校内部组织来受理的层面，在这一特殊背景下，原则上由学生工作部门、教务部门对学生违纪违规行为提出处理意见，学生申诉的受理部门是学校成立的由主管书记负责的学生申诉委员会，它由学生代表和纪检、监察、组织、人事、保卫等部门工作人员组成，作为学生申诉的仲裁机构，与此同时也可在监察处设立校学生申诉办公室。

二、新时期高校学生管理法治化路径

（一）树立正确的法治观念

1. 培养高校学生的法治观念

具体而言，提高学生的法治修养，培养法律思维方式的途径如下。

第一，加强学生法学理论和知识的学习。相关调查表明，多数高校法律教育的主要途径是通过公共课"思想道德修养与法律基础"来进行的。随着社会、经济的不断发展，高校学生与学生之间、学生与教师之间的关系不断发生改变，问题也层出不穷，仅仅依靠单一的法律基础公共课不能满足学生对法律知识的需求，开设以案例为导向的"行政法""民法""劳动合同法""经济法"等多种法律选修课非常有必要，可以使学生在案例中加强对法学理论知识的认识。

第二，在校园内开展多种形式的法治实践宣传活动。在高校校园内可以定期、分阶段地开展法治知识讲座、法治知识竞赛，请高校法治方面的专家做法治知识专题讲座。除此之外，高校应设立法律咨询中心，为学生在实际生活中遇到的法律问题提供帮助和解答。

第三，开展实践性教学活动。例如，开展模拟法庭实践教学活动，由学生扮演法官、检察官、当事人、律师等角色，通过这种形式的教学可以充分调动学生学习的热情和积极性，还可以将模拟法庭实践教学活动在校内公开表演，塑造健康的校园法律环境，为高校学生管理法治化奠定法律文化基础。

2. 确立高校法治化观念的路径

在社会主义旗帜下，各高校要始终坚持依法治校，这是在依法治国理念下对其提出的要求。要加快教育法治化进程，让高等教育实现更快的改革。在高等教育改革中，高校在办学理念上确立法治化之后可以依靠法律处理遇到的各种情况，促进学校各行政部门在职能上的更改和变化，让学生权益得到最大的保障。高校法治化的主要途径：其一，让学生和相关工作者认同和依赖法律，从而信仰法律，放弃部分高校管理工作的传统理念；其二，高校要带动师生学习法律，这要求学校的领导要起到带头作用，以身作则、依法治校，高校可定期举办与法制相关的演讲或讲座，鼓励学生积极参与学习法律；其三，高校要从法律层面加强学生管理者的理念和意识，让他们具备公平公正的精神、平等法治的观念，严于律己，对学生有足够的尊重，保证学生全面、健康地发展；其四，学校可以成立相关的法律咨询处，为学生和教师在法律方面存在的问题进行答疑解惑，同时开展法律教育。

（二）塑造良好的法治环境

1. 塑造高校内部的法治环境

学生的成长和发展离不开校园内部法治环境的塑造，学校内部法治环境的塑造作为校园文化建设的一部分，是实现高校学生管理工作法治化的前提和基础。具体措施如下。其一，在对高校学生管理的工作人员进行培训时，需要增加教育方面的法律法规知识内容，在培训中应结合具体的案例，使理论与实践相结合，强化他们依法管理学生事务的能力。其二，做好高校法律法规的宣传工作是创设高校法治环境的重要措施。因此，有必要加强对相关法律法规的宣传，把相关法律法规的宣传、学习工作贯穿到日常的学校工作中。另外，要经常在高校党政领导中进行相关法律法规的宣传和教育工作，让他们认识并且学习法律法规的重要性，使他们更好地为学校学生管理的法治化工作而服务。其三，充分利用学校校报、校园广播、学校贴吧和论坛、校园网络平台、校园宣传栏等多种媒体和传播手段，在校园形成法律学习环境，以提高学生的法律意识和法治观念。其四，邀请一些专职的司法工作人员指导、构建大学生法律援助组织，同时与司法专业机构保持联系，营造良好的法治学习环境。

2. 构建良好的学生管理外部环境

高校学生的法治管理不仅是指在校园内对学生进行依法管理，而且包括与学生有关的校园周边环境和社会环境。若学校学生管理工作者只重视校内对学生进行依法管理，而忽视校外影响，就无法收到良好的效果。因此校园外部环境的依法管理也较为重要，主要从以下三个方面提出建议。

第一，优化学校周边的公寓环境。学校不是一个孤立的团体，它与社会保持着紧密的联系，因此学校的安全和稳定离不开学校周边公寓的建设。随着校园的开放和学生生活水平的提高，学校的生活住宿条件有时不能满足学生的需求。因此，学校和公寓共同抓好公寓的管理工作，不仅有利于学校学生的管理工作，而且能减少公寓违法行为的发生。

第二，建立一个安全的校园周边环境。公安部和教育部应当重视校园周边环境的安全，公安部不仅应当经常派相关人员到学校进行安全知识讲座，还应当在学校周边偏僻的地方设置专门的岗亭来保护学生的安全。另外，高校应该和当地派出所签订安全责任书，聘请相关人员负责安全巡视工作，并建立一套高校安全应急措施。

第三，制定高校安全保障措施。随着社会、经济的发展，学校的内部环境和周边环境发生了变化，高等学校面对日益复杂的学生群体和多变的环境，应该在不与法律冲突的情况下，根据自身的特点，依法制定相应的高校安全规章制度和安全措施。

第六章　大学生公寓管理与服务创新

第一节　大学生公寓管理人力资源策略

一、做好岗位设置与分析，发挥制度的效力

（一）优化高校公寓管理岗位，提升服务学生能力

加强公寓人力资源管理，做好岗位设置与分析，人员配置是在组织设计的基础上进行的。人员需要量的确定主要以岗位设计出的职务数量和类型为依据。基于"人员—职位（务）搭配"的工作标准化劳动分工，学生公寓管理队伍人员可以分为公寓组织管理人员和一线管理服务人员，前者主要承担维护学生公寓"系统的运行"以及保证学生公寓管理队伍"稳定性、效率和生产力"的管理人员，后者主要是从事学生公寓日常管理、安全保卫等工作的一线生产作业人员。按此标准，结合各高校学生公寓模式实际情况，学生公寓管理队伍的组织架构一般是"中心—校区/片区—楼栋—值班—保洁/保安"等人员配备体系。为彻底改变消极懈怠状况，高校要对学生公寓部门构成、岗位设置、权责关系进行重新设计，对各项管理流程和业务流程以及公寓内部协调与控制程序进行重新梳理，初步建立学生公寓管理直线职能制结构。

优化高校公寓管理岗位，提升服务学生能力，对学生公寓楼进行整合，根据校区分布和住宿学生人数进行责任分区，设置责任区主管，这是学生公寓部的主体，相当于现代企业的生产车间。接受学生公寓部部长领导，对其负责，并接受办公室、质量督查、生活指导等职能部门的业务指导和监督。

质量督查组：其主要职责是对学生公寓管理服务质量进行监督检查，是相对专业化的监督管理队伍，相当于现代企业的质监部。接受学生公寓部部长领导，向其报告工作、对

其负责，并及时将在督查巡查过程中发现的问题通报给各责任区主管，对各公寓责任区进行业务指导、评比考核和督促整改。

生活指导组：其主要职责是对学生宿舍内务卫生和住宿安全进行监督检查，其职能定位与质量督查组相同。其不同之处，质量督查组督查范围为学生公寓的公共区域管理服务质量，行为相对人为学生公寓工作人员；生活指导组督查范围为学生宿舍内务卫生和住宿安全，行为相对人为住宿学生。

维修组（队）：维修组（队）既是学生公寓部小型维修工作的主管部门，也是开展小型维修业务的实际操作者，保障学生公寓水电暖的正常供应和各类家具的正常使用，相当于现代企业的工程部。接受学生公寓部部长领导，独立开展小型维修业务、跟踪监督学生公寓部委托社会企业开展的维修工程。

行政办公室：行政办公室是学生公寓综合事务管理部门，负责人事、财务和采购等行政综合事务，配合部长统筹协调各个组成部门，负责各类数据统计汇总分析，为学生公寓部部长提供决策依据和咨询参考，是学生公寓部的神经中枢和交通枢纽。

学生公寓管理直线职能的岗位设置将传统的直线制结构调整为直线职能制结构，进而向直线职能参谋制结构过渡。特别是对传统作业流程的重新设计和科学安排，更为有效、合理地把内部各个班组成员组织起来，为实现共同目标和需要履行、承担的责任而协同努力，提升服务学生能力，这既保证了组织的集中统一指挥，又能发挥专业人员的才能、智慧和积极性，使专业化管理有了很大程度的提高，从而有助于提高组织的管理效率。同时，高级管理者的负担也有所减轻，使他们摆脱了大量日常性事务、程序性工作，腾出更多的时间和精力思考和布局全局性的战略问题。

（二）合理设计薪酬体系，调动公寓管理人员的工作积极性

按照按劳分配的原则建立科学合理的薪酬分配体系，使高校公寓管理人员的薪酬严格与劳动量挂钩，充分调动公寓管理人员的工作积极性。按照"人定岗、岗定责、责定分、分计酬"的分配办法，参照社会先进同行业的标准确定各类人员应承担的劳动工作量，并根据每人承担的工作量和工作的性质确定相应的待遇。此外，还可以推行奖励工资，每月根据员工完成工作质量的好坏进行奖罚，引导高校公寓管理人员在服务上向高标准看齐。建立现代企业的用人机制，在用人上打破常规，在人才引进上拓宽渠道，加大力度，吸引大专以上学历的人员加盟公寓管理，对内树立"唯才是举，量才是用，不拘一格选用人才"的用人机制，在内部营造"能者上、平者让、庸者下"、干部能上能下，人才能脱颖

而出的良好氛围。合理设计薪酬体系，导入精细化管理体系，使各项工作都有法可依，有章可循，学生和公寓管理方的责、权、利界定明确，员工按制度办事、按程序工作形成规范。建立行之有效的监督约束机制，有效推进工作，确保制度的落实到位，公寓管理按照后勤工作"严、细、实、勤"的要求，制定各项工作检查、评比制度，成立工作检查小组，通过多种形式，对公寓各个岗位每天都进行严格的检查。通过检查，掌握各岗位的工作状态，查找存在的问题，使各岗位员工的各项工作全过程和工作质量时刻处在可控制状态中，对检查中发现的问题进行及时的督促整改，并且根据检查记录，依据《员工奖惩管理规定》对员工进行考核和奖惩。通过上述做法可以进一步提高员工的工作自觉性和积极性，增强员工爱岗敬业的意识，培养脚踏实地的工作作风，确保可以公寓管理各项工作的落实到位。

薪酬是涉及员工切身利益的敏感问题，稍有不慎就会带来意想不到的后果。为了确保薪酬改革的成功，公寓管理在设计薪酬制度时要组织有关部门进行大量调研，对各单位薪酬制度、薪酬水平和存在的问题进行摸底，在科学论证的基础上，有针对性地统筹设计薪酬制度。这既能体现公平原则，又能更好地激励公寓管理人员为高校后勤服务做贡献。要树立业绩导向，打破"干好干坏一个样"的大锅饭现象，以薪酬制度设计为切入点，通过严格绩效考核、竞聘上岗等措施，强调以业绩论英雄，在内部树立鲜明的业绩导向。构建良性互动的公寓管理薪酬体系，在劳动效率持续提升的前提下，关注公寓管理人员的职业生涯发展和薪酬福利改善，注重内部公平性和外部竞争性，把握好效率与公平的平衡，着力打造高效、可持续发展的薪酬激励体系。本着"效率优先、注重公平"的原则，体现保障职能和激励职能。体现保障职能主要包括基本工资、津补贴和保险福利，体现激励职能为专项奖励和效益工资，通过合理设计薪酬体系，调动公寓管理人员的工作积极性。

（三）完善绩效考核，促进高校公寓管理工作良性发展

完善绩效考核，促进高校公寓管理工作良性发展就要加大对一线工作人员的考核。对照学生公寓一线普通工作人员岗位职责任务、工作规范、质量标准（实体法）对其执行劳动纪律情况、工作规范情况、工作绩效情况进行现场指导和量化考核。此外，质量督查员作为学生公寓专门的质量工作人员，可随机对上述人员的工作情况进行监督检查，对巡查中发现的问题进行详细记录，要求直接责任人签字确认，并及时向所在责任区主管通报，要求其督促相关人员限期整改，要对监督检查人员进行考核。在学生公寓，专司监督检查工作人员的所有工作都被数十双眼睛从背后盯着，这数十双眼睛就是来自基层一线的普通

职工。如果学生公寓每月公布的服务质量动态排名稍有不公正、不公平，马上就会招致这些有着切身利益关系的普通一线职工的投诉。质量督查员还要在周例会上通报监督检查情况以及各公寓楼存在的问题，所以说，学生公寓做出的每一项监督检查结论以及奖惩意见都要有充足的支撑材料。在完善监督机制的同时，建立有效的激励机制。对岗位职责实行目标管理，将一线工作人员的表现和思想政治教育进公寓的成效作为年度考核的指标，加大奖惩力度，使思想政治工作进公寓在制度上形成常抓不懈、常抓常新的长效工作体系。

完善绩效考核，要体现绩效优先的原则。大多数高校学生公寓管理目前采用较多的是岗位工资和绩效工资相结合的制度。学生公寓工作考评的主要作用是为反馈工作、人员任用、报酬管理和员工表彰等提供客观依据，制定了不同岗位的绩效考核办法，在公寓管理服务中发挥了积极的作用。首先，应建立甲方、后勤内部、服务对象三位一体的考评机制；其次，要根据学生公寓不同的岗位目标进行考评，既看个人的主观努力，也看客观环境的影响。考核办法要做到简洁、量化、突出重点而全面。根据岗位工作的要求制定公寓管理服务不同岗位的考核办法，如长效管理检查考核办法、员工月度工作考核办法、保洁服务质量考核办法、绩效工资考核发放办法、员工违纪处理办法、管理服务标准考核等，增强服务意识，提高业务素质，规范服务行为。要使薪酬制度有效实施，必须营造公平公正的氛围。在操作过程中，坚持按程序办事，建立一种公平、公正的机制。考核是对现实工作做出适时和全面的评价，特别是质量督查与日常管理的有机结合和相互融合，便于查找工作中的薄弱环节，便于发现与现实要求的差距，便于把握下一步工作的重点和未来努力的方向，从而使学生公寓管理服务质量得以不断改善和提升。

二、注重培训与竞聘

（一）积极开展管理培训

人的素质和能力不是自然形成的，第一，有计划地加强业务培训，加强系统的管理基础理论学习和基本训练，以及对学生公寓管理的各项规章制度的学习，明确工作的职责范围和岗位责任，掌握服务的要求和标准、服务程序和规范、服务的职业道德，了解高校规律、学生公寓管理规律、大学生心理特征、安全知识、水电管理知识、应急事宜处置程序等，增强业务工作能力，提高科学管理水平。加强管理员的管理知识和业务技能培训。第二，采取"请进来""走出去"等方式实施灵活多样的培训形式。"请进来"即是请相关领域专家以及富有经验的管理员，对校内的管理服务队伍集中授课培训。"走出去"即送优秀员工去接受学历教育或者去外地"取经"，通过与外界的交流获取新鲜的知识，还可以由有经验的管理员通过传、帮、带的形式提高管理水平。第三，加强管理员文化知识培训。学生公寓管理工作看起来是一项简单劳动，但要做好这项工作并不容易。灵活的工作方法、落实制度的监控能力、引入计算机进行公寓管理、高效率的公寓管理服务工作、健康向上的精神文明和文化建设，都要求管理服务人员要具有一定的文化知识。因此，应该鼓励管理员积极进修，以提高学生公寓管理服务队伍的文化水平和改变学生公寓管理队伍的知识结构，增强管理实效，创新管理方法和手段。

（二）有效开展职业素质培训

高校公寓管理工作的实质和核心就是为教学和科研服务，服务工作是公寓管理的核心工作。公寓管理最重要的职能是服务职能，做好服务工作是公寓管理人员的第一任务。有效开展职业素质培训，使公寓管理人员树立正确的人生观、价值观和道德观。树立服务观念，坚持以人为本，想师生之所想、急师生之所急，服务于师生，把自己当作服务者，把广大师生当作服务对象，竭力为广大师生服务。在服务中管理，在管理中服务，做到岗在人在，人不离岗，自觉履行岗位职责，无论是上级领导指派的任务，还是学生交付的工作都要认真负责，尽可能地快速办理，不拖拉，不推诿。公寓管理工作质量的好坏与管理水平的高低关键在于公寓管理人员的素质。提高其综合素质是提高高校教学质量、学术水平和办学效益的重要保障。业务能力素质是高校公寓管理人员的基本素质，是顺利完成岗位工作任务的根本保证。高校公寓管理人员要不断提升自己的思想政治水平、文化知识水平和心理素质，按照事情的轻重缓急，有条不紊地处理好各种纷繁复杂的公寓管理事务。要加强政治思想培训，主要解决为谁服务的问题。通过政治理论学习，树立"三服务三育人"的思想，培养高尚的职业道德，热爱本职工作，热心为学生服务。要提升业务培训，主要解决怎样优质、高效服务的问题。通过学习管理科学知识与各项规章制度等，明确岗位职责，规范操作程序，提高科学管理水平。

（三）有效落实竞聘上岗制度

竞聘上岗是选贤任能的有效手段。实行竞聘上岗，阳光下操作，公开、公平、公正，拓宽了选人用人的渠道，为政治素质、管理能力和专业技能都比较强的人才提供了自我展示的平台。高校公寓管理采用竞聘上岗制度是将领导赞同与学生公认结合起来，把个人意愿和组织考察结合起来，可以开阔视野，在更大的范围发现人才；可以好中选优，提高选拔人才的质量；还可以优化结构，提高高校公寓管理队伍的整体素质；可以人尽其才，使优秀人才在更合适的岗位发挥更明显的作用。

高校公寓管理落实竞聘上岗制度就要坚持以提高服务质量和保障能力为核心，按照"市场化运营、企业化管理"的基本原则，推进体制机制不断改革，理顺高校后勤与学校的权益关系，使后勤服务成为一个真正的实体。对条件成熟的后勤下属经营性实体进行公司制改造，建立"产权明晰、权责明确、事企分开、管理科学"的现代企业制度。在国家新一轮事业单位劳动人事制度改革的大背景下，在学校人事部门的指导下，按照社会化、企业化的要求，推行全员聘任制和劳动合同制。完善干部竞争上岗，职工竞聘上岗，外聘员工择优上岗的用人机制；形成更加有效的激励与奖罚机制。实行竞聘上岗就是要引入竞争机制，使员工经常用"有为才有位"来提醒、警示自己，努力再努力，进取再进取，与一流对标，向先进看齐，以真正形成千帆竞发、你追我赶、生机勃勃、干事创业的生动局面。高校公寓管理落实竞聘上岗制度有利于解决内部能上能下的问题。流水不腐，户枢不蠹。实行竞聘上岗就是要逐步建立一个干部既能上也能下的机制，把整个公寓管理队伍激活。它的导向是：能者上，平者让，庸者下。高校公寓管理落实竞聘上岗制度给人的昭示是："能下"将同"能上"一样成为一种常态。

三、加强沟通与协作

（一）加强制度建设，促进民主管理

规章制度的制定和落实是搞好学生公寓管理的基础，"没有规矩，不成方圆"，没有制度就没有管理，制度是管理的标尺。根据教育部学生教育管理的有关规定，结合学校的实际，编制《学生公寓管理服务手册》，主要包括《学生住宿管理规定》《学生宿舍考核细则》《学生宿舍卫生检查标准》《大学生公寓管理服务中心工作条例》《大学生公寓管理服务中心考核办法》《大学生公寓管理工作人员评价体系》等。这些制度既有对学生的要求，也有对公寓管理人员的规章；既有工作内容的规范，又有操作流程和方法，能充分调动工作人员和学生参与宿舍管理的积极性和主动性，使学生宿舍成为学生工作的一线阵地。要按照"市场化运营、企业化管理"的基本原则，推进体制机制不断改革，理顺后勤与学校的权益关系，使后勤服务集团成为一个真正的实体。对条件成熟的后勤下属经营性实体进行公司制改造，建立"产权明晰、权责明确、事企分开、管理科学"的现代企业制度。

加强制度建设，促进民主管理，充分体现"严在当严处，爱在细微中"学校公寓管理的宗旨。实行辅导员进公寓登记和入住学生公寓制度，使公寓管理教育服务工作与学生思想政治工作紧密结合起来；发挥好公寓管理中心主任、管理区长、楼长、层长、舍长、宿舍成员在各自职责范围内的作用，形成严格有效的公寓管理工作组织指挥链；发挥学生自我管理的能动作用，学生楼管会、"宿舍文明监督队"各司其职，检查学生在公寓楼内的安全隐患和不文明行为。在学生公寓中，实行半军事化管理，对公寓内的安全隐患实行日巡和月检制度；严格的门卫管理、长期坚持出早操、晚间宿舍定时熄灯、晚归登记通报、每天的宿舍卫生检查、限定条件的校外住宿规定、宿舍中违纪批评与学生处分在公寓公告栏中的公布、宿舍工作责任制与责任追究制等做法，交织出学校公寓严格管理网络的程序化和严密化，为学校良好校风和学风的形成奠定坚实的基础。学校要制定实施《辅导员入驻学生宿舍制度》《辅导员值班制度》《学生工作干部谈心制度》《辅导员考核制度》等，要求学生工作干部每天进学生公寓，辅导员入驻学生公寓，在各学院公寓楼设立专用辅导员工作室和辅导员值班室、谈心室，确保上班时间有学生工作干部在公寓楼内上班，下班时间有辅导员在公寓楼内值班。根据不同时期的形势需要，坚持学生工作干部"重点时间加内容，重点区域加人员"的上班或值班制度，如毕业生离校前夕、国家法定节假日和社会形势敏感时期等特殊时间段。学生工作干部基本上做到"同住、知情、关心、引导"，即与学生同住学生公寓；了解学生思想动态；关心学生思想、生活；引导学生正确处理各种问题，开展经常性的思想政治工作。

（二）健全关爱制度，提升队伍建设

针对近年来高校公寓管理工作任务日益艰巨繁重，从服务学生、服务高校后勤社会化建设出发，通过完善公寓管理人员职业保障制度、积极为高校公寓管理人员排忧解难、完善关爱公寓管理人员工作机制等方面，进一步推动和改进关爱高校公寓管理人员的措施。要加强经常性思想政治教育，坚持不懈地用中国特色社会主义理论体系和习近平总书记系列重要讲话精神武装头脑，教育引导广大公寓管理人员牢固树立大局意识、核心意识、看齐意识。

健全关爱制度，提升队伍建设。要合理安排高校公寓管理人员的工作和休息，根据人员和管理区域配置、制定和落实轮休制度；加强年休假制度落实情况督导检查，推动年休假常态化。要完善公寓管理人员心理咨询服务和危机干预机制，严格落实年度体检制度，建立公寓管理人员健康电子档案，开展职业病危害因素基本情况普查，健全针对性健康干预措施。要完善职业保障制度，进一步加强职业待遇保障、健全职业风险保障、完善医疗救治机制。要积极为高校公寓管理人员排忧解难，改善他们的工作生活条件，对条件艰苦、生活困难的高校公寓管理人员提供帮助，实施精准扶贫。建立日常慰问、特困救助制度，竭诚为公寓管理人员考虑，真心实意，力所能及地为他们解决一些生活中遇到的实际困难，让他们在细微之处感受到亲人般的温暖。积极为公寓管理人员创造良好的工作条件和生活条件，解除他们的后顾之忧，千方百计提高他们的工资待遇，确保公寓管理人员安心工作，从而全身心地投入服务学校、服务学生的工作。

第二节　大学生信息化的公寓管理服务创新

一、"互联网+"思维与公寓管理服务的信息化

（一）互联网和"互联网+"

互联网是网络与网络之间所串连成的庞大网络，这些网络以一组通用的协议相连，形成逻辑上的单一巨大的国际网络。这种将计算机网络互相连接在一起的方法称作"网络互联"，在这基础上发展出覆盖全世界的全球性互联网络称为"互联网"，即是"互相连接一起的网络"。"互联网+"代表一种新的经济形态，即充分发挥互联网在生产要素配置中的优化和集成作用，将互联网的创新成果深度融合于经济社会各领域之中，提升实体经济的创新力和生产力，形成更广泛的以互联网为基础设施和实现工具的经济发展新形态。在"互联网+高校公寓管理"的大环境下，高校公寓管理可以充分利用公司网站建立自己的宣传沟通平台，加强与学生、与各院的沟通，避免在公寓管理、服务上出现信息真空。此外，还可设立微信群、微博、论坛，让学生自由讨论，提出他们的问题，应积极联系校方相关管理人员一起参与学生的各种讨论，并对学生提出的问题给予及时处理。这样的一个与校方一起与学生交流、回答、解决问题的过程既做好了管理，又加强了与校方的联系，还提升了自身的服务质量，同时，也实现了管理、服务、育人三位一体。"互联网+高校公寓管理"是今后高校公寓管理工作的一个趋势。"互联网+高校公寓管理"融合分析公寓的所有管理服务事务，将学生公寓各管理服务部门紧密联系为一体，实现了学生公寓的数字化协同管理与服务，将有效解决高校学生公寓管理服务中的难题。现在的大学生正在步

入以网络为主体的"数字化生活"时代，网络对学生的学习方法、生活态度和思想观念有广泛而深刻的影响。

（二）公寓管理服务的信息化

学生公寓信息化建设是当前高校公寓发展的新要求。高校学生管理正在不断地向智能化、网络化迈进。为了进一步配合学校的学生管理工作，有效地促进教育的现代化和管理的信息化，学生公寓管理需要加强自身的信息化建设则显得责无旁贷。

建设学生公寓信息化管理平台，实现公寓信息管理的自动化、智能化和标准化。建立稳定而高效的公寓信息管理系统是实现高校学生公寓管理的科学化、程序化、专业化的客观需求。推进学生公寓的信息化建设，要不断延伸保障服务的空间和时间，不断挖掘保障服务的利益和内涵，全面提升学生公寓的事务办理、管理协调、公寓文化、生活服务等信息环境，进一步创新服务理念、创新管理机制，实现公寓管理水平和服务效益的全面提高。在高校学生公寓管理的实践中，通过高校公寓管理信息化系统可以设计学生宿舍基本信息查询功能；卫生通报、检查信息功能；学生宿舍违章违纪信息；班主任进宿舍信息；学生宿舍异动信息；学生走读程序办理等，加强了宿舍管理部门和院系学工办等部门的互动联系；各类信息查询、处理更为方便、及时、透明；简化了部分程序，提高了工作效率。建设"线下" 24 小时一站式学生公寓服务中心和"线上"学生公寓数字服务网站，将学生公寓管理、事务审批、维修工作、文化建设、意见投诉等项目融合，保证服务的一体化、规范化和便捷化。开发移动客户端功能。通过手机实现事务办理、学生工作、通知公告、文化建设、师生互动和公寓品牌宣传的功能。通过智慧公寓平台，加强各相关单位协同合作，使服务流程科学化和规范化，服务效率便捷高效。根据学生公寓智能化的发展需求，学生公寓信息管理系统和门禁系统、智能水电系统等管理系统连接，不断完善宿舍资源的管理和考核。

二、用信息化手段提高公寓管理服务质量

（一）搭建完备的公寓信息化系统

在学生公寓管理中运用信息化技术，可使公寓管理实现计算机技术化，不仅可以提高本部门管理的自动化和智能化，促使管理模式的合理化、管理方法的科学化、管理过程的规范化、管理数据的精确化、管理效果的最优化、管理效率的最大化、管理质量的标准

化，还能为高校教育管理实现整体信息化创造条件。

搭建完备的公寓信息化系统，推进智慧校园建设，建立以学工系统为平台的智慧管理模块。学工系统设定为基础数据、学工管理、公寓管理三大模块。公寓管理系统能实现公寓管理信息化、精细化、人性化功能。公寓管理系统可实现学生入住、调宿、退宿、停宿、请假、留宿等申请，并结合宿舍门禁系统进行住宿生考勤统计；公寓管理人员可通过移动终端实现内务检查、违禁违纪检查、住宿生考勤查询等功能；相关职能部门、系部、班主任可实时查询宿舍床位信息、内务检查统计、宿舍违禁违纪通报、住宿生考勤统计等情况，并可通过移动端进行情况反馈。增强公寓对住宿学生情况的管理，实现公寓各项服务快捷、有效、便利，做到学生管理与公寓管理的无缝连接。迎新系统（报到、选房、卧具）、管理系统（学生和房源信息、调宿、行为）、服务系统（员工信息、来访、物资、巡查、考评等）、离校系统，搭建完备的公寓信息化系统，牢固树立"三个一切"的办学理念，想学生之所想，急学生之所急，"一站式"服务体系大大方便学生生活。公寓管理员要积极适应学校管理理念的发展，适应公寓管理信息化新形势，努力提高自身素养。每学期都应该对公寓管理员进行集中培训，年底全院组织"比武"操作大赛，极大地调动员工工作积极性。公寓管理系统、门禁管理系统、一卡通系统及物业报修集成一起，实现了远程报修、住宿统计、远程门禁监控为一体。通过转变理念、模式立新、形式创新，促进我国高校公寓管理工作迈出坚实一步。

（二）信息化与智能化的核心是便捷和质量

在努力提高住宿硬件条件的同时，要充分借鉴现代文明总结出来的科学的管理方法，利用信息化手段，对公寓管理实现计算机网络智能化，提供便捷和高质量的服务。学生公寓的日常管理涉及人员管理、住宿管理、水电管理、安全管理等诸多方面，积极吸纳现代管理的绩效考核、人力资源管理等有效的管理方法，重视现代科学技术的投入与应用，提高服务质量、安全系数和管理效率。服务要实现亲情化。公寓是学生在校学习期间的"家"，要让他们感受到家的温暖就要提供力所能及的方便服务，如生活中常用的小五金工具、针线包、打气筒、列车时刻表、交通地图等，为学生提供方便。学生公寓内水电气控制和管理由计算机控制和管理系统自动完成。计算机控制和管理系统可以自动对公寓内各宿舍的水电气消耗量进行动态计数并自动完成水、电、气、表抄收形成专用数据库，公寓管理人员可以随时对水电气的用量、费用等数据进行打印报表。对实行限额供应水电气的公寓宿舍，该系统可以对超额或欠费宿舍自动报警甚至自动截断供应。对防火要求较严格的公寓，可根据需要在系统中选配限电或自动识别系统，以预防火灾的发生。重视学生对公寓管理和服务的意见和建议，拓宽信息收集渠道，及时反馈学生提出的问题，解决疑难，加强正面引导，关注学生关心的热点、难点、感兴趣的问题，教育引导学生，想学生之所想，急学生之所急。强调亲情化和沟通式服务，注意"家文化"的提炼，创造学生公寓管理服务品牌。现代化需要学校大量的资金投入，是要有一个逐渐完善的过程，在积极争取硬件设备升级的同时，不能放松软件的建设，与学生建立和谐的关系是做好服务管理工作的保证。

管理服务学生既是一个公共产品供给的过程，又是一个蕴含理想、信念、价值观的全面育人过程。运用大数据的过程分析和轨迹刻画，能及时发现学校层面、学工层面、教务层面等管理服务机制存在的不足和服务质量欠缺。运用管理服务大数据的根本在于客观、全面和动态把握高校学生成长成才存在的问题，为学生提供个性化、定制式精准管理服务，从而提升管理服务育人的针对性和实效性。此外，校园管理服务大数据还能精准描述定位失联学生、抑郁易感学生、宿舍"过宅族"等特殊学生个人或群体，进而实施有针对性的定制式教育引导策略。运用大数据提升高校管理服务水平和质量既是一个集成不同部门、层次信息数据的系统性工程，又是一个面向世界一流大学创新管理服务体系和实施高校治理现代化的改革创新工程和全面育人工程。

三、共建公寓信息化平台，共育创新高素质人才

（一）信息化的基础是互通互联，资源整合

共建公寓信息化平台，实现公寓信息化平台的综合数据融合功能。当前，高校学生正处于信息化、数据化时代，学生在校园可以随时随地上网，并在各种社交平台参与和互动，具有移动性、社交性等特点，所以，需要建立一个体系，对各种信息进行大数据分析。从学生公寓发展的层面需要资源融合和共享，实现科学化、精细化管理。为更好地为学生及学校有关部门提供个性化服务、推荐服务、情景导航、一站式服务，实现信息透明、数据开放、增值服务等，实现无缝对接服务，随时随地不受时空限制的服务，在学生公寓管理的迎新、门禁、常规管理等相关技术信息通过网络系统建立有效整合跨部门服务资源和各类管理信息资源数据融合平台。

通过互通互联的信息化，整合各级各类教育资源，分类别建设高校教育资源库。建成教学资源类、教育管理类、交流沟通类、教务教学类、视频音频类教育资源共享库群，以

此推进教育均衡化发展。基本满足现代远程教育、终身教育、教育教学和图书资源共享、考试、招生、师资培训等的需要。通过部署防火墙、上网行为管理等设备，构建安全可控的教科网出口，为网内用户提供互联网访问以及公众用户访问教科网资源的通道，并实现与中国教育和科研计算机网互联互通，形成科学规范的信息化教育管理体系，为政府宏观决策提供科学依据，为公众提供公共教育信息，不断提高教育管理现代化水平。

（二）公寓信息化平台与校园各网络平台的共建共享

利用计算机技术和校园网络平台，搭建学生公寓信息化管理平台，网站设有校务公开、上级来文、通知公告等栏目，学校的相关文件、通知等及时上网。通过登录学校网站，查看是否有新通知、最新的学校新闻、新充实的内容等，以便及时地知道自己该干什么，该学点什么，别人在干什么，学校发生了什么事，学校将发生什么事。

实现网内信息资源共享。让学生公寓信息系统成为公寓管理人员的管理手段和服务工具，不仅能提高学生公寓的管理过程的规范化、管理方法的科学化、管理模式的合理化、管理质量的标准化，还可以实现公寓信息自动化、智能化、精确化，使管理工作效率得到大幅提升，管理效果更加优化；也可以为高校实现整体信息化管理创造条件。因此，需要加大对公寓信息化管理的投入，不断完善学生宿舍信息系统。在公寓管理信息系统建设上，要充分利用好"学生管理信息系统"的系统性优势，力求改变以往各类管理系统的简单功能，着力学生公寓内部管理的完善和外部功能的互动，从而为学生公寓管理服务工作的健康开展提供坚实支撑，真正实现并达到服务育人、管理育人的目的，更好地为广大师生提供高效优质的服务，实现信息化管理服务的功能优化与提升。

（三）共建智慧公寓，共育创新高素质人才

共建智慧公寓，共育创新高素质人才，以计算机网络技术为代表的信息技术正推动着教育和教育管理手段、方式发生根本性改变。不言而喻，计算机技术的发展和运用最终会要求公寓管理的计算机网络化，全面实现管理的信息化。这就要求更新公寓管理观念，牢固树立全局观念、人本观念、动态观念、效益观念；造就和培训适应新形势下的公寓管理队伍；借助信息技术手段，建设和管理好学生生活的"虚拟社区"（或叫"虚拟公寓"）网络网站。网站上除了信息发布，还必须有社区BBS、公寓管理员信箱和住宿信息、电话号码、火车时刻、飞机班次、水电气费等网络查询功能，积极将现实世界、书本世界和虚拟世界有机结合。通过网络服务平台给学生提供方便快捷的生活网络服务，为学生公寓创

建全面发展的新空间。重视网站互动性的建设，特别开设"校长信箱""留言板"等互动栏目。在学校网站的留言板上，对各界朋友提出的所有意见和建议，要认真对待、仔细研究，能马上回复的要予以及时回复。对一些比较棘手的问题，要通过校务会研究讨论，并在最短时间给予答复。特别是很多在外务工的家长对孩子在学校学习的情况非常关心，因此，要让学校网站成为这些家长了解学校发展和孩子成长的正确渠道。学校也通过这个渠道，听取更多家长的建议和鼓励，有力地推动学校健康发展。尝试开通"学科互动"板块，以论坛的形式进行学习。各学科板块可设置集体备课、在线答疑、资源共享等栏目，真正通过校园网实现学校教学的网络化，共建智慧公寓，共育创新高素质人才；还要加强班级主站及师生博客建设，引入中国现代教育网的"在线办公室"，构建以网站为平台的在线学习交流方式。在"多媒体预约系统""成绩查询系统"的基础上，开发"学籍管理系统""工资管理系统""考勤管理系统""在线备课系统""视频播放系统""校园 OA 办公系统"，创建"校友录"，为学校与校友搭建沟通交流平台。在学生公寓文明和文化建设管理中，将公共的和各宿舍的卫生安全、公物保护、公益劳动、遵章守纪、好人好事、违章违纪、文化活动等情况的检查记录、登记报表陆续输入计算机，经过一段时间的积累，按照一定的评分比例，经计算机处理后即可得出一定的数据资料，再按照一定的标准处理，最后可获得评比"文明公寓""文明宿舍""文明个人""先进集体""积极分子"等所需要的各种数据和名单。共建智慧公寓，共育创新高素质人才，可以确保公寓信息系统的有效使用和数据处理的规范化、标准化。公寓管理的信息化、智能化、精确化已成为公寓管理环节的重要一环。

第三节　大学生公寓管理服务的原则

一、以人为本

在学生公寓管理过程中，坚持以人为本的原则，首先要建立以人为本的服务机制，在建立以人为本的服务机制之前，需要配备并打造一支服务意识强、创新意识强、协作意识强的管理队伍，并定期给予专业的培训。深入了解学生的切身需要，着眼学生主体发展，尊重学生独立性存在，帮助学生维护自身利益。如果忽视学生主体需要，轻视学生独立人格良性发展，那么无论做多大的努力，公寓管理工作都会遭到抛弃、埋没。

其次，充分进行学生公寓文化活动建设。立足学生主体，把握学生特点，对公寓文化活动资源进行科学配置和整合。根据学校教育教学特色以及学生社区专业属性，对文化活动内容以及形式进行有机整合，并将活动持续打造完善，进行品牌化发展。打造完善过程中结合互联网信息化和时代化建设大潮流，注意弘扬社会主义核心价值观，深挖德育素材，深掘典型榜样，形成全员参与、主题新颖、进展顺利、入脑入心、终身受益的活动链条。开展学生公寓文化建设需要注重品牌文化与新颖活动相结合、日常教育和主题教育相结合、文化氛围与形象建设相结合、隐性文化与显性文化相结合，自上而下开展与自下而上开展相结合的原则。

最后，充分突出公寓管理的育人功能。高校学生公寓的育人功能的发挥需要学校学生工作部、后勤部（集团）、财务处、资产处、保卫处、团委以及各学院、各职能部门积极配合、各司其职、团结协作、凝聚合力，把管理育人、服务育人和环境育人整合落实。第一，合理安排学生住宿，可以根据学生生活习惯，自主选择室友；可以根据相近院系和专业安排楼栋和寝室；将相同的或者相关的教研室和课题组安排在相连接的房间，便于开展活动、文化渲染与集体教育。第二，设立专职的公寓辅导员教师，确保育人实效性发挥，对住宿学生进行德育与智育相结合的工作需要专业的教师队伍，选派政治责任感强、思想观念新、民主意识强、热爱学生及学生工作，切身为学生考虑的教师来担任该工作。第三，以党团组织为核心，成立自我教育、自我管理、自我服务的学生组织，党员团队进宿舍，树立模范形象，主动配合学生公寓管理部门的相关工作，做好舆论引导、道德引导、积极建立楼栋宿舍管理委员会，构筑寝室文化、社区文化，协助专职教师开展心理工作与思想政治教育工作。

二、育人为先

教育的生命和灵魂是育人为本，它也是教育的本质要求和价值诉求。要求教育不仅要关注人的当前发展，还要关注人的长远发展，更要关注人的全面发展。育人为本，德育为先。管理育人、服务育人、环境育人、文化育人，高校学生公寓管理服务需要坚持育人为先的原则。

1. 管理育人

学生寝室是学生休息、学习、交流的主要场所，公寓管理者应该做的是立足于公寓现有基础设施和实际开展相关活动，帮助学生凝聚力量，培养人与人之间建立和谐的相处模式，树立正确的人生态度，培养生活技能。大学生是人格发展以及社会价值体系构建的关键时期，有着时代的压力，管理者活动安排应该积极向上、青春活力，有针对性地解决学生存在的问题，从思想上引导学生。管理者与学生在寝室对话交流是非常有效的，环境简单、学生身心放松，处处彰显管理者对学生的关怀与培养。学生公寓的管理者是构建公寓建设服务的最直接的参与者，公寓管理人员平时接触学生最多，他们的言谈举止、办事风格等都会对学生有较大的影响，所以，提升公寓管理人员的整体素质、文化水平、道德水平可以对学生进行直接与间接的教育。学生公寓管理需要坚持育人为先的原则，管理活动应该建立在以学生为本的基础上，满足学生的不同需求，让学生真正感受到身边的管理带来的安心、包容、尊重。

2. 服务育人

提供优质、高效、贴心的公寓服务是学生拥有良好学习和生活环境的重要保证。学生公寓全体工作人员应该本着让学生体会到学校的关爱与居住环境的温馨安逸的目的，去提供高质量的热情服务。学生公寓管理与服务团队都应该有这种真心服务学生的意识，同时，可以在学生内部培养志愿者服务队或者成立学生自律组织，让其成为学生团体的宣传者、监督者、践行者。比如，有的大学招募并成立护家员队伍，角色分配为监督员、文化员、技术员、舆情员、宣传员。监督员：监督学生宿舍服务中心员工的工作完成情况；文化员：辅助宿舍服务中心建立中心文化并实施；技术员：宿舍服务中心对外宣传及通知的设计工作，包括中心 POP、通知、海报、活动宣传、视频、PPT 等设计美化；舆情员：收集学生信息，并向学生传递宿舍服务中心的服务理念；宣传员：中心新闻、通知、海报等对外宣传载体的文字编写。他们来自各个学院、专业、年级的本科生和研究生，在公寓管理与日常生活中发挥巨大的作用。他们积极践行诚实守信，做师生员工的代言者、爱岗敬业、做优美家园的参与者、沟通协作做和谐家园的引导者、勇于实践做温馨家园的守护者的入职誓言。

3. 环境育人

环境包括人文环境与自然环境。人文环境是一定社会系统内外文化变量的函数，文化变量包括共同体的态度、观念、信仰系统、认知环境等。人文环境是社会本体中隐藏的无形环境，是一种潜移默化的民族灵魂。公寓管理的人文环境包括公寓管理系统内外的文化变量函数，包括学生公寓管理主客体的态度、观念、信仰、认知等。自然环境是指环绕生物的空间中可以直接、间接影响生物生存、生产的一切自然形成的物质、能量的总体，这些是生物赖以生存的物质基础。古人云："近朱者赤，近墨者黑。"可见环境对人的作用是十分重要的。学生公寓作为学生学习之余待的时间最长的环境领域就显得特别重要。

人文环境建设立足于学生切身需要，根据学生群体的特点进行环境布置与设计，以此来满足学生心理上、思想上、需求上的最大满足。学生公寓人文环境设计是为了让学生不断增长生活知识，帮助学生更加方便地享受管理部门提供的优质服务。除了有形的学生公寓管理者布置设计的人文环境以外，还有学生之间无形的人文环境，寝室的学习风气以及人际关系对成员有重要的导向作用。一般而言，寝室成员为了融入群体，会努力使自己与所在的群体保持一致，寝室成员之间思维方式、价值观念和行为模式等发生交叉碰撞，所以，一个和谐的寝室环境可以激发学生进步的热情与创造力。

自然环境在学生管理中具有先天的育人作用。在自然环境的布局方面，相关部门可以根据公寓分布情况融入人性化、现代化、教育性的规划和建设，如公寓的采光、透风、寝室分布等情况进行科学规划，以保证获得良好的效果。在学生社区进行人性化建设，除了和公寓建筑物颜色相衬托的植物，还可以种植石榴树和大面积的桂花，最人性化的是把所有学生自己走出来的路都铺上鹅卵石，学校所有学生社区周围都有加高护栏以及绿色植物围着，给学生营造舒适、安全、大气的生活环境。在整个设计中，突出校园文化特色，体现优美、包容、共享、大气、有序的建筑特点。

4. 文化育人

公寓文化内容广泛丰富，涵盖从整个公寓楼到每间寝室的文化气息、环境布置、整洁程度、行为方式等，要实现文化育人功能需要遵循适应性原则、针对性原则和有效性原则。适应性原则是指文化建设采用符合时代要求的主题、方法、理念、规则进行，对学生进行入脑、入心终身受益的正面引导与渲染，让学生真心喜爱而不会觉得浪费时间而反感。针对性原则是指公寓文化建设要有针对性，要引导学生树立良好的道德品质、爱国主义精神和集体主义精神，帮助学生建立和谐的人际关系。有效性原则是指公寓文化建设的有效，即将学生培养为适应时代发展的高素质人才。增加学生参与公寓管理以及文化建设机会和平台，激发学生参与热情、创新热情，变被动为主动，自觉投身到文化建设中并做好公寓的主人。大力推进公寓文化建设持续化、专业化、精品化，创新是文化建设的灵魂，只有不断追求精品、追求创新才可以持续不断地促使学生学习和生活融合，促进学生成长。

三、安全为大

百年大计，安全第一。随着高校后勤社会化改革的不断深化，学生公寓管理模式呈现多样化趋势，同时，由于社会化深入以及新时代学生独立又复杂的价值体系的碰撞，学生公寓的安全隐患逐渐增多，高校学生公寓安全极为重要，它是高校教学、科研、教育等工作的基本保障。通过加强安全文化建设、构筑安全管理体系等途径来实现安全最大化。

1. 提升安全文化建设

做好学生安全文化建设，通过各种途径提高学生安全防范以及处理意识。管理部门要切实做好安全防范工作，最大限度地减少和预防各种安全事故的发生，更好地促进学生的健康成长和成才。首先，加强安全教育知识的普及与宣传。结合高校自己的特点，在学生公寓实体宣传栏以及网络虚拟宣传栏上宣传安全教育的重要性以及接受安全教育的必要性。其次，通过展示标语、漫画、指示图、效果图、思维导图、动画等形式在寝室营造一种需要以主人翁的心态来学习预防、应对、处理安全事故的氛围。再次，定期开展管理员、学生团体代表（轮流培训）专业培训，学习安全管理规章制度、学习处理安全事故以及学习自救与他救的技巧，提升自我保护意识，积极进行心理健康教育培训，加强心理安全建设；借助活动以及相关平台丰富安全文化建设的形式，提升安全教育影响力，借助载体有利于形成文化建设品牌。最后，需要制订完善的公寓安全应急预案。为了最大限度地加强学生人身与财产安全保障，需要结合具体实际，制订详细、可行、便捷、有效的公寓安全应急预案，提升学生公寓管理员以及学生的应急能力，提前熟悉各类安全事故的应急预案，把危害降到最小，维护学生公寓安稳运作。

2. 完善基础设施建设

完善安全的基础设施是保证学生安全生活的重要条件，及时维修、更换门窗就会大大减少小偷破门而入的机会；及时维修加固宿舍防护栏，可以防止学生坠楼事故发生；建立专门的晾衣房，可以减少学生乱找晾衣服的地点而造成的人身伤害；定期检查公寓通电线路、插板安置、公共电器就会减少有学生触电以及发生火灾的概率；安装智能监控系统，防止学生使用大功率电器，发现学生使用大功率电器就自动断电，大大减少安全隐患；建设完善学生生活必需的供水、洗浴、加热、洗衣、卫生、网络等基本保障设施，避免因为无法满足基本需要而独立采取满足措施造成集体性财产与安全事故。比如，供热水系统不完善，学生会选择自己使用热得快，造成爆炸或者引发火灾。

3. 建立智能化信息化管理系统

高校学生管理正在不断向网络化、智能化、人性化迈进，为了切实提升学校学生管理工作的效率，紧跟教育现代化的步伐，促进教育现代化和管理信息化，高校学生公寓管理信息化建设有着极其重要的作用。公寓管理相关部门应该有信息化建设的意识，积极推进公寓管理进行信息化建设，转变公寓管理人员的管理与服务理念，带头和组织人员学习先进的管理模式，改变现有工作方式。信息化建设要取得上到领导下到各级员工的充分理解，只有上下一心，统一目标、统一步调贯通共识、配合默契，信息化建设才能事半功倍。

4. 建立有效的防范应急措施

高校学生公寓学生人数多、密度大、事情多、突发性高、易失控。突发性事件发生概率大，应急措施不到位会给学生造成巨大的人身、财产、精神损失；全面、科学、便捷、易操作的防范与应急措施可以大大降低突发性事故对学生群体造成的伤害，提升安全管理效益。高校相关部门应成立专门的应急小组，筹划各种事故发生的紧急处理机制并经常做演练，收到突发事件信息迅速分析与处理。

四、便捷为主

坚持公寓管理服务的便捷性原则就要坚持全面细致、及时快捷、优质高效的后勤服务，注重后勤服务的人本性、预见性、效益性。公寓管理人员提供优质高效的服务，让学生感受到生活的方便与快捷。

1. 学生公寓服务与管理要强调人本性

对学生居住生活区供电、供水、供气、供热设备和生活设施要进行全面、正常、定期的检修、保养，以保证各种设备、设施的正常运转和高效运转。同时，要定期对宿舍管理与服务人员进行专业的培训，秉承以人为本的服务理念，为学生所想、为学生所为，要设身处地换位思考，不断提高服务水平和质量，不断改善服务手法和态度，不断强化服务意识和效果，把人性化服务贯串到后勤服务和管理的始终，延伸到每个角落和所有领域，真正做到以方便为目的，以满意为标准，以需要为目标，以人性化为基础，通过全面、细致、周到、优质的服务来践行便捷的管理服务原则。

2. 学生公寓服务与管理要强调预见性

学生公寓管理工作全面推进，服务和管理必须有前瞻性和时效性。对学生公寓基础设施，在做好基本的日常维护工作以后，要进行故障预设，排除困难与障碍，保证各类生活设施运转的高效率、高效益。学生备案的各种维修要有时效性，维修部主动预见各类设施的故障可能性，定期检查，定期维修，做到学生备案与维修部主动备案相结合。如供电、供水、门禁、洗衣机、洗浴间、扣费系统、卫生设施等要随时提供检修服务，而不是等待学生备案才去维修，为学生提供便捷的服务是学生公寓管理部门重要的办事原则，学生公寓服务与管理强调预见性，可以大大提高管理服务的效率以及学生的满意度。

3. 学生公寓服务与管理要强调全面性

科学规划硬件设施，基本的生活设施要保障落实，公共设施在楼层合理的位置安放，开放活动室，建设健身器材，实行社区化管理，打造公园式环境，建立公共羽毛球场，在社区空地建设小型喷泉，有效提升学生生活安逸指数。配备完善智能管理系统，包括社区智能门禁系统、学生购物系统、贵重物品储藏系统、水电自动化系统、智能电子监控系统、消防监控与烟雾报警装置。配备社区学生信息、住宿信息、基础设施使用信息等大数据分析系统，便于社区管理服务中心进行科学规划、全面统筹、高效布局，便于学生享受到全面、高效、贴心的服务。制订适宜全面的学生公寓服务与管理方案，学校管理、学生公寓管理中心管理、学生自我管理三个层面来落实管理与服务。学校把握学生公寓的正常运作以及育人功能，包括安排专职辅导员入宿舍，进行公寓文化建设、劳动教育等。学生组织学生自管会，自我管理、自我教育、自我服务，包括查卫生、查违纪、组织活动、配合管理人员与辅导员工作等。制订全面的管理组织与方案，分工明确，层层负责，助力大学生成长成才。

第七章　信息时代背景下大学生管理工作的创新

第一节　大数据时代高校大学生管理工作创新研究

一、大数据的概念及其在高校学生管理中的应用

大数据是当前信息科技发展的一个热点，对我国社会建设发挥了巨大的作用，从本质上看，大数据是信息的挖掘，目标是要发现大量信息背后隐藏的规律，将其应用于社会各项事业中，推动社会发展。

（一）大数据的定义

大数据是由最先经历信息爆炸的学科（如天文学和基因学等）创造出来的，如今，这个概念几乎已经应用到所有人类致力于发展的领域中。大数据经过多年的发展并没有一个确切的定义，只是指需要从大量的信息中经过处理提炼出一种规律，用来指导人们的生活与学习。

在当前的通信分析领域，大数据是一项较为前沿的技术，其概念包含数据仓库、数据分析、数据安全、数据挖掘等。大数据的商业价值已经成为信息行业竞争的焦点。大数据包括各类互联网信息，人们的各项互联网活动都可以成为大数据分析的对象。

利用新的处理模式，大数据技术具有更强的决策力和洞察力，实现流程的优化和数据的匹配处理。总之，大数据技术是通过对海量数据进行统计分析处理，从中获取人们行为活动规律的各类信息。大数据技术的价值在于快速处理各类数据，因为只有快速才能产生实际效用。

随着网络设备的快速发展，大数据技术能实现多个企业跨行业融合，创造出难以想象

的经济价值，实现最大的社会效益。利用大数据，各行各业都可以实现自身业务的较大程度增值和效益。因此，大数据可以定义为在合理时间内采集大规模数据，经过处理以后帮助大量使用者采取更有效的决策的数据分析处理过程。

今天的大数据技术已经成为人们创造价值的一个新工具。大数据已经成为人们获得新知识、创造新价值的一个重要源泉。

（二）大数据在高校学生管理中的应用

高校学生管理工作的主要任务是整合各类学习资源，提高学生的学习能力和学习效率，促进学生综合素质提高，帮助学生排除学习、生活及成长过程中遇到的烦恼和心理障碍，提高学生心理健康水平，使学生适应并度过美好的大学生活。在教育管理过程中，高校出于自身管理方便和成本的节约而忽视学生正当权益的事情时有发生；部分教职员工的服务意识淡薄，服务能力和水平较低，把较多的精力和时间投入科研，对学生缺乏应有的关爱和引导；由于学生教育管理工作面广、量大，与学生利益相关的管理部门众多，因而在解决学生实际问题的过程中，出于部门利益的考虑，部门之间经常相互推诿，管理效率低。因此，高校应积极构建和完善大学生成长成才的服务机制，完善与学生利益相关的政策规章的制定和实施程序，明确和提高教育管理组织的服务职能，培养和提高广大教职员工的服务意识，帮助解决学生在个体发展阶段必然或者可能面临的实际困难，为学生的成长成才创造条件和平台。

"不得不承认，对于学生，我们知道得太少。"这是卡耐基·梅隆大学教育学院的一句经典口号。这种对学生认识的匮乏在高新技术迅速发展的情况下有了改善的契机。如何在高校学生管理工作中利用这一技术，形成高校用数据做教育决策的意识，成为当前的研究重点。建立一站式数据资源服务平台在高校学生管理工作中起着关键作用。

大数据时代下，数据资源是海量的。理论上，一个学校可以收集学生所有的数据资源，如学生个人信息、特长爱好、性格特征，甚至包括社交、日志信息等各种网络资源。高校可以充分利用机构优势，有组织地通过对各类数据资源的定位和连接，实现数据的采集、传输和汇聚。由于数据资源具有体量巨大、类型繁多、生成快速、混乱无规则等特点，而且这些数据来源于不同的机构或部门，所以很有必要建立统一的数据标准，以实现资源之间的无缝连接，提供各种数据管理服务，如数据存储、数据加工、数据发布、数据共享等。在数据的洪流中，异构、分布和海量的各种数据资源得以汇聚及融合，形成中心资源库，通过索引的方式，为用户提供快速、简单、易用的资源及服务。建立一站式数据资源服务平台，在促进大学生心理健康、助力学生多元化评价、关怀大学生生活及指导大学生个性化就业等方面发挥重要作用，提高高校学生管理工作水平。

二、大数据时代高校学生管理工作的创新

（一）运用大数据促进大学生心理健康

大学生心理健康管理不应仅是补救性的，而应该向排除正常障碍，帮助学生实现最佳发展的发展性模式而努力。如今，经济体制、政治体制、文化体制等的变革必然带来人们价值观念的变革与冲突，并深刻地影响着人们的社会生活。大学生在这样的时代中理性面对人生的挫折，并保持健康的心理状态，并非易事。学习压力、就业压力、感情变化、社会环境、家庭环境等诸多因素都容易导致大学生心态失衡、萎靡不振等心理问题出现。包括高校在内的社会各方，尤其是高校学生管理工作者，可以利用大数据的优势，实时监测大学生心理情感动态，通过一站式数据资源服务平台，构建健全的心理救助网络，为可能发生的紧急事件提供预案。及时对心理不健康者予以适当的干预和救助，减少由于心理矛盾或心理冲突引发的适应不良，预防和缓解心理问题，从而达到利用大数据促进大学生心理健康的目的。

（二）运用大数据助力多元化评价

在奖学金、优团优干和优秀毕业生等评优评选中，可以借助大数据技术对学生进行多元化评价。大数据时代的到来让所有社会科学领域能借助前沿技术的发展，从面向宏观群体发展为面向微观个体，让跟踪、记录、处理与分析每一个人的数据成为可能，保障了对学生的多元化评价，通过对学生在校园中点滴微观行为的捕捉，学生的上课出勤情况、发言质量、作业完成情况、课堂互动情况、社团活动、课外竞赛参与情况等信息都可以转化为数据，帮助我们了解学生的学习态度、探索精神、实践能力、人际关系、情感与意志等。

高校学生多元化评价研究是时代发展对高校教育提出的要求，是高校在新形势下获得持续发展的自身需要。多元化评价要求我们在学生评优评选中不再依靠有限的智力测验，而是进一步关注学生的内在，借此正确地引导和挖掘学生潜能，改进教学的形式和环节，培养学生的多种智能，使学生更好地适应现代社会发展对多元化人才的需求，从而提升高校办学能力与水平。

（三）运用大数据关照大学生生活

大数据技术让高校学生管理工作部门关怀贫困大学生生活更加及时、更加人性化。各高校应在构建科学合理的贫困生认定机制的基础上，全面收集贫困学生的信息，建立健全贫困生资助信息数据库，并对数据库中的各项信息不断更新完善，以便动态管理贫困生，实现按需资助。通过对学生就餐、日常消费等数据的实时监测及处理，可以帮助贫困生及时获得人性化的帮助。在不远的将来，高校利用大数据，借助一站式数据资源平台，深度整合学生相关信息，如饭卡消费、勤工俭学、社会兼职、学习成绩、奖助情况等各类信息，更精准地帮助需要资助的学生。

此外，大数据还能让我们更加了解学生课外学习的轨迹。利用大数据技术，如采用移动终端，记录学生参与的社团活动、班级活动、学习活动等，通过后台数据库统计一个学校、一个区域的整体情况，获得有价值的数据报告，从而可以有针对性地帮助学校和家长给出建议和对策，指导学生成长。

（四）运用大数据指导大学生个性化就业

利用大数据技术，收集学生的成绩、兴趣、爱好、技能等相关信息，不仅可以为其匹配相应的职业岗位，提高大学生就业率，还能提升大学生就业质量，实现高校毕业生更加完善和更高质量的就业。

个性化就业指导遵循以人为本的原则，针对学生的实际情况、多样化的个性特点，引导其了解自己的职业兴趣、职业发展方向，帮助其制定符合自身特点与期待的职业生涯规划，并提供就业咨询、政策咨询、技术咨询等多方面的服务，帮助学生了解就业前景、就业形势、就业方法与技巧，从而使学生顺利地、高质量地就业。依托大数据技术，随着一站式数据资源平台的建立，高校与企业的服务将进一步完善，大学生可以快捷、公平地享受个性化的就业服务，未来具有很好的发展前景。

三、大数据应用在学生管理中的问题及解决策略

（一）大数据应用在学生管理中的问题

与不少发达国家已把大数据的开发应用提高到国家战略高度相比，我国的大数据管理还处于萌芽状态。当前，大数据应用在高校学生管理中面临的主要问题包括四个方面：

一是偏重经验、轻视数据的思维惯性使我们在数据收集、使用和管理上不太灵敏。

二是大数据人才缺乏，既精通大数据技术，又熟悉高校学生管理工作相关事务与流程的专家稀缺。

三是高校在大数据技术研发及科研成果的推广上没有充分发挥自身作用。

四是敏感信息的保护工作尚未得到高校相关部门的普遍关注。在数据量庞大、种类繁多、信息多样化的大数据时代背景下，高校教学服务和数据利用方式将发生显著变化，准确把握大数据时代特点，有效发挥大数据优势已成为当务之急。

（二）解决上述问题的策略

1. 转变思维，重视大数据体系建设

对任何机构来说，数据整合都是艰巨的工作。高校需要变革，才能将从大数据中得出的观点转化为在同类院校中的竞争优势。在这种情况下，高校相关部门的决策者和领导者要有远见卓识，转变思维，从战略上重视大数据。建议加大对大数据的宣传力度，明确大数据的重点应用对象，加快面向大数据应用技术的研究，推动基于大数据应用的技术研发，培养大数据应用与管理的专业人才，建立并完善大数据保障体系。

2. 培养人才，组建专业化管理队伍

可以预测，在未来几年，资深数据分析人才短缺问题将日益凸显，大数据正面临全球性的人才荒。大数据人才需要理解大数据技术，能解读大数据分析的结论，深入了解高校各个部门之间的关联性，并且能根据大数据得到的结论制定出可具体执行、管控、评价的相关环节。这些新的挑战与需求，促使高校要系统性地培养大数据专门人才，组建专业化大数据应用与管理队伍。

3. 校企合作，加快大数据技术研发

大数据对基于其生态圈中的企业提出了更多的合作要求。校企合作能加强优势互补，实现互惠共赢。高校要积极创造条件，充分发挥人才、技术集中的优势，与企业技术人员联合成立研发中心及科研生产联合体等，进行新产品开发、设计及科研成果的推广合作，推动基于大数据的应用技术研发，抢占发展基于大数据的应用技术的先机。通过校企合作，能促使高校深化教育教学改革，提高人才培养质量，增强学生的就业竞争力，促进高校与合作企业共同发展。

4. 保护隐私，加强对敏感数据的监管

大量数据的汇集增大了敏感数据暴露的可能性，对数据的无序使用也增加了敏感信息

泄露的危险。高校中的大数据来源涵盖非常广阔的范围，如学生家庭情况、兴趣爱好、社交网络、学习情况、团体活动、行动轨迹等，大量数据的聚集不可避免地加大了学生隐私泄露的风险，一些敏感数据的所有权和使用权并没有明确的界定，很多基于大数据的分析都未考虑到其中涉及的学生的隐私问题。因此，高校要加强内部管理，规范大数据的使用方法和流程，加强对重点领域数据库的日常监管。

大数据技术的应用使高校可以对其数据资源采取数据筛选的方式来分析、挖掘隐藏在数据背后的规律，从而能让我们更真实、更全面地了解学生，促进学生的发展。然而，由于当前人们对大数据的认识尚处于探索阶段，大数据在教育领域的研究刚刚开始，而且大数据提供的只是参考答案，而非最终答案，所以要真正将大数据完美地应用于教育，造福于教育，仍然有很长的路要走。但是只要我们开放心态，锐意创新，实事求是，就一定能抓住历史机遇，更好地为打造中国经济升级版、全面建成小康社会提供强有力的人才支撑和智力支持。

第二节 "微时代"背景下大学生管理工作创新研究

一、"微时代"对高校学生管理工作的影响

"微时代"冲击着学生管理工作的方方面面，对团学、就业、公寓管理、心理健康等工作都产生了广泛的影响。

微媒体是团学工作的重要宣传阵地。自 2013 年起，共青团中央已在新浪网、腾讯网等四家网站同步开通微博，并同时在腾讯网推出微信公众号，共青团中央的新浪官方微博粉丝数达 1519 万多。庞大的粉丝数量实现了团中央信息与普通团员的零距离分享。按照团中央新媒体工作的要求，各级团组织也纷纷建立了自己的微媒体平台，共青团员通过"微"平台可以及时了解党团信息。

微媒体平台是高校毕业生的重要就业信息源，高校毕业生了解就业信息的传统渠道主要是双选会或网站，如今自媒体社交网络的兴起对职业素质教育、就业信息发布和大学生创业都产生了深刻的影响。通过关注就业创业类微博或微信公众号，阅读、浏览职业素质方面的微话题和论述，大学生的职业生涯规划和择业观都直接或间接受到影响。

"微时代"改变着大学生的公寓生活。Android、IOS 等智能手机系统的发展使许多互

联网内容都可以通过 App 手机客户端获取大众流量。大学生的公寓生活节奏也因为微媒体的便捷而产生了深刻变化,手机充值、超市购物、一日三餐、人际交流等都可以通过手机客户端来直接实现,大学生足不出"舍"就能正常进行课余生活。大学生还可以通过手机上的微博、微信(朋友圈和公众号平台)和 QQ 等客户端了解班级、院系、学校及社会上发生的新鲜事。

二、"微时代"背景下高校学生管理工作存在的不足

面对"微时代"的影响,高校越来越重视"微工具"的管理和使用,但是如何最大限度地发挥微媒体在学生管理工作中的正面作用,仍有很大空间值得去探索和实践。

1. 学生管理层级需要进一步扁平化

微媒体的便捷性和及时性可以帮助高校学生管理队伍扩大管理幅度,减少管理层次,扁平状的组织形式有利于促进老师和学生之间的交流和沟通。当前,高校学生管理层级需要进一步向扁平化方向发展。

2. "微"载体资源需要进一步挖掘

传统宣传手段已经不能满足学生管理工作的需要。高校拥有丰富的大学生先进典型案例,高校可以将社会主义核心价值观融入这些先进案例中,用学生喜爱的网络语言将其呈现在微博、微信公众平台、微电影等"微"载体中。

3. "微"队伍建设需要进一步加强

高校的学生管理工作人员和主要学生干部需要系统性地学习微博、微信等"微"工具的使用,了解"微"语言。只有管理队伍具备"微"素质了,才有可能真正发挥微媒体的正面引导作用。

三、"微时代"背景下高校学生管理工作的创新

"微时代"给高校学生管理工作带来了挑战和机遇,创新学生管理工作机制势在必行。在"微时代"背景下,高校学生管理工作的创新主要可从以下三个方面着手。

1. 建立一个"微"体系

"微时代"的广泛影响使高校每个教育管理者和每个大学生都成为一个"自媒体",每个"自媒体"不是孤立的,而是其社交网络的一部分。按照学生管理工作的内容,在团学工作、心理健康工作等方面,可建立以下四级"微"网络体系:微博、微信"学生——

班级团支部—二级学院团委—校团委""学生—班级心理委员—心理辅导员—校心理健康中心""学生—班长—就业辅导员—校就业中心""学生—班长—公寓辅导员—校公寓管理科"。这些"微"体系主要有以下三个方面的作用。

一是学校通过关注班级和学生微博、微信，可以了解和掌控学生动态。学生通过关注学校官方微博、微信，可以第一时间了解学校的各方面工作动态。

二是学生发生交通事故、兼职纠纷和公寓矛盾等突发事件时，往往都会"晒"在自媒体平台上。由于自媒体平台的瞬时性和互动性，学校可在第一时间获知突发事件情况，防止延误事件的处理。

三是当代大学生有相当部分时间花在自媒体中，师生面对面交流的情况随之锐减，取而代之的往往是微博"互粉"、微信交谈或 QQ 聊天。通过"微"体系，师生之间加强了工作关系，也增进了感情。

2. 壮大两支"微"团队

"微"体系影响力的发挥需要人来推动，高校学生管理工作的"微"影响需要壮大以下两支"微"力量：教师队伍和学生干部队伍。教师队伍主要包括学校宣传部、学生处、团委工作人员和辅导员、班主任及授课教师。这些教师要维护好部门或个人的"自媒体"，传递正能量，引导大学生树立正确的世界观、人生现、价值观，学生干部队伍除了学生会、社团联合会等学生组织的学生干部之外，学生管理工作者还应组建一支政治强、作风硬、纪律严的网络宣传队伍，定期研判网络舆情，积极转发、传播学校官方信息，从而扩大网络思想政治教育覆盖面，加强在网络上的思想引导作用。

3. 丰富三种"微"素材

"微"体系的成功运作需要学生喜闻乐见的"微"素材。高校学生管理工作常用的"微"素材主要有微电影、微故事和微话题。把发生在校园内的富有正能量的学生典型故事拍摄成一部部具有感染力和教育意义的微电影，编辑为一个个短小而富有哲理的"微故事"，把体现社会主义核心价值观的学生案例，编辑成一个个"微话题"，通过"微"体系投放到学校官方微博、微信平台上，让学生在观看或阅读后产生思想上的共鸣，达到思想政治教育的目的。学生管理工作者要组建一个由学生干部组成的"微"团队，专门从事"微"素材的制作，以满足"微时代"的发展要求。

综上所述，"微时代"背景下，高校学生管理工作需要在实践中不断总结经验和不足，创新工作方法，切实把"自媒体"有利的一面融入日常工作，增强工作实效，把"微工具"变为培养高素质技能型人才的有力助手。

参考文献

[1] 沈佳，许晓静. 基于多视角下的高校学生管理工作探究 ［M］. 北京：现代出版社，2022.

[2] 聂娟. 高校学生管理的艺术 ［M］. 长春：吉林出版集团股份有限公司，2022.

[3] 程细平. 高校学生管理工作与管理模式创新 ［M］. 北京：北京工业大学出版社，2022.

[4] 史建芳，张琳君. 互联网+时代高校学生管理模式的变革与创新 ［M］. 北京：中国华侨出版社，2022.

[5] 邢良. 高校德育引导与学生管理创新研究 ［M］. 北京：北京工业大学出版社，2022.

[6] 尹冬梅. 新时代高校学生社团建设与管理案例集 ［M］. 上海：复旦大学出版社，2022.

[7] 张娉. 新时期高校美育与学生教育管理研究 ［M］. 长春：吉林出版集团股份有限公司，2022.

[8] 孟祥宾. 高校大学生社团建设的理论研究与管理探索 ［M］. 北京：九州出版社，2022.

[9] 刘艳，夏忠臣. 新媒体背景下高校学生社团管理研究 ［M］. 湘潭：湘潭大学出版社，2022.

[10] 王冬枝. 高校体育教学与大学生体育运动管理 ［M］. 长春：吉林出版社，2022.

[11] 刘青春. 信息时代高校学生管理模式的转变及创新 ［M］. 沈阳：辽宁大学出版社，2021.

[12] 陆宝萍. 高校学生公寓管理及文化建设初探 ［M］. 北京：北京理工大学出版社，2021.

[13] 陈少平. 高校学生伤害事故管理研究 ［M］. 厦门：厦门大学出版社，2021.

［14］姚丹，孙洪波. 高校教育信息化管理与学生管理工作［M］. 北京：中国纺织出版社，2021.

［15］杨锐. 新时代高校学生事务管理理论与实践［M］. 长春：吉林人民出版社，2021.

［16］邓军彪. 地方高校大学生管理工作的创新与实践研究［M］. 汕头：汕头大学出版社，2021.

［17］杨潇. 高校学生管理工作与法治化研究［M］. 北京：北京工业大学出版社，2021.

［18］张琦. 高校大学生自我管理能力提升研究［M］. 北京：九州出版社，2021.

［19］高健磊. 新时期高校管理与发展路径探索［M］. 北京：中国政法大学出版社，2021.

［20］陈思杭. 高校学生工作典型经验研究和案例精编［M］. 北京：中国商业出版社，2021.

［21］邱向英. 高校预算管理模式创新研究［M］. 北京：中国纺织出版社，2021.

［22］李玲. 高校学生管理工作创新研究［M］. 长春：吉林人民出版社，2020.

［23］蔡熙文. 高校学生管理与实践创新研究［M］. 北京：北京工业大学出版社，2020.

［24］宋丽萍. 新媒体环境下高校学生教育管理工作创新研究［M］. 长春：吉林大学出版社，2020.

［25］张俊霞，杨瑞刚. 高校学生管理实践探索［M］. 北京：现代出版社，2020.

［26］赵江涛. 高校学生管理艺术与实践创新研究［M］. 长春：吉林美术出版社，2020.

［27］张晓英. 新时期高校学生管理工作探索研究［M］. 长春：吉林科学技术出版社，2020.

［28］黄厚明. 基于高校自主权与司法审查权关系视角的高校学生管理法治化研究［M］. 北京：法律出版社，2020.

［29］袁鹏. 高校旅游管理专业学生创新能力研究［M］. 北京：中国水利水电出版社，2020.

［30］刘艳. 融媒体下高校学生党员教育与管理［M］. 北京：中国原子能出版社，2020.

［31］叶云霞. 高校人力资源管理与服务研究［M］. 长春：吉林大学出版社，2020.

［32］杨大鹏，马亚格，罗茗. 高校学生工作管理创新研究［M］. 北京：北京理工大学出版社，2019.